PHILANTHROPY
AND
SOCIAL INVOLVEMENT IN ISRAEL

以色列的慈善事业与社会参与

[以色列]
哈伊姆·达汉
-著-

孔德洁 邱莹
-译-

广西师范大学出版社
·桂林·

著作权合同登记号桂图登字:20－2019－180 号

图书在版编目(CIP)数据

以色列的慈善事业与社会参与/(以)哈伊姆·达汉著;孔德洁,邱莹译. —桂林:广西师范大学出版社,2022.4
(世界知库)
书名原文:Touches of Grace: Philanthropy and Social involvement in Israel
ISBN 978－7－5598－4673－0

Ⅰ. ①以… Ⅱ. ①哈… ②孔… ③邱… Ⅲ. ①慈善事业－研究－以色列 Ⅳ. ①D738.27

中国版本图书馆 CIP 数据核字(2022)第 013078 号

以色列的慈善事业与社会参与
YISELIE DE CISHAN SHIYE YU SHEHUI CANYU

出 品 人:刘广汉
责任编辑:刘孝霞　吕解颐
特约审稿:叶　盈
装帧设计:李婷婷

广西师范大学出版社出版发行
(广西桂林市五里店路 9 号　邮政编码:541004
网址:http://www.bbtpress.com)
出版人:黄轩庄
全国新华书店经销
销售热线:021－65200318　021－31260822－898
山东新华印务有限公司印刷
(济南市高新区世纪大道 2366 号　邮政编码:250104)
开本:650mm×960mm　1/16
印张:11.75　字数:163 千字
2022 年 4 月第 1 版　2022 年 4 月第 1 次印刷
定价:48.00 元

纪念我亲爱的母亲

希姆夏·达汉（1936—2016）

她的心跳声在我耳中，
她的脚步声在我心里。
——艾夫拉·查尔菲

前　言

我并不认为向他人分享我的个人故事是一件很重要的事。然而，过去数十年亲身参与教育活动的经验，让我深刻意识到我的个人故事很大程度上同样是许多生活在以色列的孩子们的故事。许多人并不清楚他们的故事和我的一样，都是关于一群儿童和青少年生活在悲惨痛苦的社会经济现实中的故事。这一现实就像一团乌云盘旋于成千上万与我背景相似的儿童的未来之上。许多年密集的社会参与，让我知道我所经历的并未成为过去。不幸的是，许多以色列的儿童正在重复我童年时遇到的困境和危机，这让他们陷入贫困的境地。

以色列建国以来取得了巨大的进步，并在许多领域取得了惊人的成绩。以色列人的独创性与创造力投射在几乎每一领域的数千家新兴企业中，使得世界上许多国家羡慕不已，而以色列也赢得了“创业的国家”这一绰号。然而，除了迅速的进步和惊人的发展以外，以色列在教育和平等方面却出现巨大的退步。巨大的社会差距使得以色列成为西方国家里社会发展最不平等的国家之一。这些社会鸿沟构成了犹太复国主义事业的真正危机。

尽管国家为社会差距承担最终责任，但我们对这些差距的漠不关心使我们对此都负有责任。一个冷漠的社会缺乏社会团结和相互责任——

这是一个人人只关心自己且对弱者和贫困的人没有同情心的竞争性、侵略性社会。这一失去了道德基础的病态社会，社会稳定岌岌可危。在国家逃避了社会义务并任由许多社会成员被命运摆布的背景下，通过社会参与和团结构建一个文明、道德、公正的社会就愈发重要。需要明确的是，社会参与并不能替代政府，它并没有减少政府关注民众福祉的义务。此外，社会参与的影响力，在最理想的情况下，也总是无法与国家层面的力量和预算相比，它并不是一个可以替代国家、消除社会差距的方法。

然而，社会参与具有更大的重要性和影响力。公众的社会参与的程度是检测社会健康、力量和温度的首要证据。社会行动修复了社会的扭曲和缺陷，且实际上是对政府行为的补充。它甚至增加了参与者的内在幸福感和满意度、自我觉知和使命感。现今，以色列出现了许多社会行动，并且我们很难想象一个没有许多非营利组织和社会企业做出贡献和行动的社会会怎样。善意的组织和有着义务感、乐于助人、坦率的人们不会无视社会差距，他们因而低调生活，努力工作，期望将我们生活的小家园变成一个更公正的地方。他们是充满活力的非营利部门背后的人力资本以及驱动力，推动并提高了社会中弱势及贫困群体的福祉。这些谦逊、坚韧、全然奉献的人默默为弱势群体付出，通过他们日复一日的行动，他们明白了先知以赛亚的愿景："向饥饿的人分享你的面包，将可怜的穷人带回你的家，给身无寸缕的人穿上衣服，且不要忘记你的亲属。"

我们总能轻易找到各种理由为自己的不作为开脱，声称只有那些有能力的人才可以参与社会行动，或认为这是国家的责任，抑或是有太多的腐败行为使得非营利部门声名狼藉。然而，需要记住的是：社会参与并不是某一群人的事，它也不是政府责任的替代品，大多数参与的人都是诚实得体的人。对 Tikkun Olam[①]（修复世界）的渴望和社会责任感使得我们并不需要财富或者超人的努力就能让一个想法成形。"修复世界"并不需要通过革命或者巨大的行动，而只需要微小的、谦卑的、持续的

① 希伯来语，意为"修复世界"或"治愈世界"，表明人类负有恢复、修复和改变世界的共同责任。——译者注

行动，帮助“修复”一个人的世界，也就是在“修复”整个世界。

我认为每个人不论情况如何都可以为他人服务、为他人奉献，从而增强我们所处社会的复原力。加入捐赠圈从不会太早，也不会太迟。志愿活动、助人和捐赠表达出人性最善的一面，也是帮助我们获得平衡的生活方式的一种手段。为了他人的社会参与使我们成为更有社会关怀感的公民，并让我们和他人以及国家产生联结。那些在社会行动中体验过快乐、满足感以及意义感的人很难理解为何许多人没有参与其中。它赋予了人类同情、友好（仁慈）的价值以及“修复世界”的理念。社会行动和社会参与能带来积极改变，并让我们生活的地方更富同理心、更具有道德、更令人愉快。哪怕只是想到这些，都让人备受鼓舞。

由于以色列社会出现的巨大裂痕，为了共同的社会目标，我们需要一起努力。在这个过程中，我们要忽视个体差异，展示出人性内在美好的一面。社会行动有着将我们与他人联结在一起的力量，并将差异视为整体的一部分，而不是贴上狭隘的标签或者留下刻板的印象。社会差距为我们带来了重塑人际关系的独特机会，将自我中心视角变为与人分享和对他者做出道德回应的关系视角。在日常生活中观察并回应他人的需求，让我们重新审视了真正重要的事情，并为我们的生活注入了意义和使命感。

毫无疑问，社会两极分化、缺乏耐心、道德滑坡以及巨大的社会差距构成了以色列社会的真正危机。面对这些令人难以置信的鸿沟，社会上很大一部分人对此的冷漠与麻木让人觉得这只是命运使然，与之形成鲜明对比的是根植于我们传统的那句箴言：“所有的以色列人对彼此都负有责任。”

我小时候遇到萨姆·伯格曼教授（Prof.Sam Bergman）的经历以及他的善举给我未来带来的巨大影响让我承担了将那些信息“传递下去”以增强这一善举影响力的重大责任。伯格曼教授在我生命中扮演的角色与我希望我可以在与我有相似背景的儿童和青少年生命中所扮演的一样。这一希冀促成了我个人“修复世界”的行动——2004年，我和我的朋友们在以色列成立了奥法姆（Ofanim），一家为儿童和青少年服务的非营利组织。近年来，我为以色列的许多大学与学院的学生细述奥法姆的愿景并普及社会行动。人们，尤其是年轻一代对社会行动兴趣的与日俱增，鼓励了我并给予了我希望。在讲座中，许多人向我询问发起社会行动遇到的挑战及许多相关事宜。这些常见的问题促使我广泛检索了关于以色列非营利组织、社会行动和慈善的现存资料。通过这次检索我发现了许多关于这些议题的信息，但是这些信息是不统一的，有的信息相悖、分散、混乱，同时，大部分为理论信息，鲜有基于实践工作以及相关挑战的信息。这些发现以及我所看到的社会团结和相互责任的重要性驱使我撰写本书。这本书并不是想要为社会行动这一议题提供一站式答案——很明显，这是不可能完成的任务；本书只是指出了以色列对社会行动和社会参与的重大需求，并对以色列慈善领域做了一次全面的审视。

这本书的主要目的是探讨以色列慈善的状况，提出关于建立及运营一个社会组织面临的主要挑战，鼓励更多的人加入以色列的捐赠圈和参与社会行动。书中提供的信息和评论以及我和我的朋友们建立社会组织时面临的挑战，都基于那个促使我参与社会行动的故事。尽管许多案例来源于教育领域的社会行动经验，但是我相信不管是什么领域，这些挑战都大多与之相关。

本书的前两章描述了我童年时期的关键经历，并将其置于以色列教育领域的巨大鸿沟和社会平等问题的背景下与世界其他地区进行比较并展开全面审视。同时，这两个章节讨论了造成这些差距的主要原因，强调了在以色列需要更多社会参与的重要性和紧急性。第三章讨论了社会行动的多种动机并解释了渴求成功的动机的重要性。除此以外，这章还描述了促使一部分以色列主要社会领袖投身社会活动的目的。

第四章论述了建立非营利组织理事会的主要事宜。这一章讨论了选择正确且合适的人作为非营利组织管理层及理事会成员的重要性。本书第五章和第六章论述了筹款的各个方面，提出并分析了以色列和美国捐赠的范围以及筹款的来源和主要挑战。第七章论述了衡量与评估社会行动的重要性并讨论了其主要构成元素。

除研究任务外，撰写本书的主要挑战是在海量的信息、经验描述以及创立奥法姆的例子之间找到平衡点。我希望在这些努力中获得哪怕一点点的成功。如果这本书能促使哪怕一小部分人加入以色列的社会行动，那都将是对我微小贡献的巨大回馈。

目　录

第一章　旅途的开始

给我一个支点，我就能撬动整个地球。

——阿基米德

一、参观大学

1974年的暑假，当时我14岁，在7月一个炎热潮湿的日子里，一场偶遇改变了我的一生。我骑着生锈的旧单车漫无目的地在贝尔舍瓦闲逛，直到口干舌燥、浑身湿透，于是我回到家中喝水解渴，以逃离沙漠的闷热。我意外地发现桌上摆满了母亲准备的美味佳肴，两位并不熟悉的客人正吃得心满意足。与这个平时居住着10个孩子的房子惯有的吵吵闹闹形成鲜明对比的是，今天屋里竟出奇地安静。

大概因为我9个兄弟姐妹不在，因此母亲让我也入席。由于资源匮乏，在家里通常只有大人和客人一起用餐。我非常享受这顿巧遇的美味佳肴以及从众人那里获得的关注。通过我们的简单对话，我了解到我母亲和那位女客人都在社区中心工作——那位女士是一名芭蕾教师，我的母亲是一名厨师。女士解释其实她很了解并非常喜欢我母亲的厨艺，因此她想带着她的丈夫萨姆来品尝，这样他就明白她说的是什么了。萨姆·伯格曼是美国计算机科学领域的知名教授。由于他是一名狂热的犹太复国主义者，因此他决定举家移民以色列以便为这个年轻的发展中国家做出贡献。萨姆是年轻的本·古里安大学（Ben-Gurion University）数学与计算机科学系的创始人之一，他曾在那里任职教授。

萨姆像一位慈父，他的外表让我想起了著名的科学家阿尔伯特·爱因斯坦。他的额头很高、布满皱纹，长长的灰白的头发扎在脑后，睿智的蓝色眼睛微微眯着。他一边吃着热菜，一边问我一些问题。他还问我是否知道计算机是什么。我说不知道，于是他问我是否有兴趣了解，并提出让我去参观大学的建议，这样他可以向我介绍计算机。这个邀请让我很感兴趣，于是我们约定了第二天在大学计算机实验室见面。

萨姆和他的妻子离开后，我便开始渴望此次参观。我只多次透过校车窗户远远地看过大学的建筑。对我而言，大学看起来总像来自外星球的画面。在我的脑海里，我视其为一个遥远且特殊的地方，就像众神栖息的奥林匹斯山。因此，那时我忍不住想象大学里面是什么样的，而我将穿过大学校门的画面也让我无比激动自豪。据我所知，我的兄弟姐妹和附近的朋友都没有去过，因此作为第一人，我备感骄傲。

第二天，我早早起床，穿上我最得体的衣服准时到达大学门口。我向门卫介绍了自己并询问了计算机实验室的地址。直到今天，我仍然记得第一次去那里时激动的心情。跨越大学的门槛就像跨入另一个世界：从我那狭小、拥挤、熟悉、缺乏秩序和纪律、有时充满诱惑和不安的世界，来到了疏远、有序、干净、安全的另一个世界。巨大的空旷庭院、绿色草坪、大型建筑以及遍布校园成群结队的学生都让我惊讶不已。大学的氛围很神奇，教室和实验室内则充满了神秘感。

我在去实验室的一路上都如临梦境。我找到了萨姆，萨姆坐在一个大大的方形电脑屏幕前等我，他的身前是一块键盘。他光着脚，脸上露出微笑，拽过一张凳子请我坐下。身处一个弥漫着神秘气氛、成排都是电脑的教室，我感到很兴奋。他冲我温暖地微笑着，用我从未听到过的浓重美国口音温柔耐心地向我解释基本的计算机概念：处理器、显示屏、键盘、中央处理器、操作系统、编程语言以及其他概念。这些词语在我听来非常神奇。不时有学生进来问萨姆问题，他温和细致且愉快地向他们做出解答。他和学生的友好关系，以及他的平易近人让我非常惊讶。这个和善的男人打动了所有与他相遇的人的心。萨姆对人们的真爱出自他的本心。学生们对他的尊敬与钦佩显而易见，至今我都对这位特别的人怀有敬意。

两个小时很快过去了，我的计算机启蒙课就此结束。我和萨姆约定了下周同一时间、同一地点再见。沉浸在校园的风景和氛围中，我怀着兴奋的心情缓缓走出校园。令我高兴的是，我的命运迎来了柳暗花明的转机，我获得了5次每周2小时与萨姆会面的机会。我已经不记得在这些令人愉快的会面中我具体学到了什么。其实这些细节本身并不重要，重要的是这些会面对我人生方向所产生的巨大影响。那段时间，跨入大学的大门并不仅仅是一个物理的跨越，而是意识的跨越，粉碎了我无意中强加于自己的人为限制与枷锁。

萨姆对我的鼓励，以及这六次会面中我遇到的和我一样的普通学生对我的肯定，让我有勇气意识到只要我真的愿意，也许有一天我也能够进入大学学习。在我认识萨姆之前，这个想法对我来说是浑然陌生的。后来，它开始慢慢在我的心里生长。渐渐地，它变成了我的一个目标。我决心向世界证明我有能力成为一名合格的大学生。与萨姆的会面以及由此给我带来的改变对我之后许多年的人生也都产生了极为重要的影响。我很想知道究竟是什么让这些会面对我产生了这么大的影响，它们的魅力和力量背后的秘密是什么？

几年前，我偶然发现加迪·亚尔教授（Prof.Gad Yair）的一本书《从关键经历到转折点》（*From Key Experiences to Turning Points*）[1]。对我而言，这本书一定程度上揭示了我童年经历的谜底。很明显，与萨姆教授的会面以及跨入大学校门的体验对我来说就是亚尔教授所谓的积极的关键经历。亚尔在书中声称许多人都有类似的、强烈的、不同寻常的经历。

他写道："在许多情况下，一个短暂单一的教育活动足以为参与者创造很有意义的关键经历。"通过亚尔教授所带领的团队对1 000名以色列成年人的3 000余次关键经历的研究表明，这类关键经历不仅影响了人们的学术成就，而且影响了人们生活的众多方面，包括参与人的人格、价值观、职业选择、学习领域以及他们的世界观。他说："大部分这类经历都是突然在某个一次性活动中发生，参与人的心理唤醒达到前所未有的高峰，伴随着极大的激动、激情、狂喜、爱、豁然开朗和启示。"

亚尔教授继续解释：关键经历发生在日常的生活中，并没有提前安排活动、预估影响。事先计划一个关键经历非常困难甚至基本不可能：群体中的每一个人，根据他的个人认同和需要，面对相同的经历可能有不同的领悟。对于一个人积极且有影响力的经历，对于其他人可能没有任何作用。在这方面，我很庆幸我遇到伯格曼教授的时机刚刚好，这是我的一段积极正向的关键经历，这份经历给我留下的印象几乎影响了我生活的各个方面。在很长时间里我一直在思考关于偶遇的问题：我人生的这次改变是随机的吗？它纯粹是运气吗？如果我没有遇到伯格曼教授会怎样？

彼特·豪伊特（Peter Howitt）导演的英国电影《双面情人》(*Sliding Doors*）说明了在人们的生命中，一个看似巧合的小小偏差就可以改变当事人的人生。

我和伯格曼教授的偶遇是我生命众多可能性中的一扇滑动门吗？我一再思考这个问题，而这个哲学问题存在众多可能的答案。我们的圣人曾说："一切皆可预见，但我们却被赋予了自由意志。依据大多数人的行为而定，世界接受善的审判 。"[2]然而，诺贝尔物理学奖得主马克斯·玻恩（Max Born）认为："只有两种可能性：我们相信决定论，视自由意志为主观错觉，或者我们相信神秘主义，视科学定律为无意义的错觉。"[3]加迪·亚尔教授和他的研究团队认为关键经历起初看似巧合，但是通过仔细的科学分析发现，"它存在重复的一致性"，"成为参与人的转折点以及在关键经历中被激活的心理机制，特别是参与人自我发现的过程"。

关键经历对于一个儿童或者青少年所产生的巨大影响与他们的生长环境息息相关。大多数生活在以色列困境及边缘环境的儿童和青少年的家长都是新移民，面临不同的文化和语言障碍，努力适应新环境。这些家长有时"迷失了自我"，失去了他们原来的地位，他们在原来国家祖祖辈辈都已习惯了的家族等级也被破坏了。家长拥有不同的文化和语言，为生存而忙碌，在孩子眼里，有时候他们变得无关紧要了。在许多情况下，这种无关紧要使得家长对孩子形成了滞后的、不自然的依恋关系，家长的权威彻底瓦解。在这种环境下成长的儿童，在发育过程中没有获得任何指引或者经验，他们被迫在一夜之间长大且为自己的未来做出重大决定。这些儿童既没有可以依靠的过去，也没有可以想象的未来。

他们只能依靠当下，就如同走钢丝的杂技演员，一阵轻风就能决定他们命运的走向。当儿童没有一个积极的榜样或者一个负责任的家长，他们就完全受外界环境影响了。

因此，难怪我儿时许多聪明伶俐、充满潜力的伙伴，因负面影响毁了他们的未来，使他们和他们的孩子陷入无知、贫困潦倒的生活。在我长大的环境中，负面关键经历能使一个儿童或青少年陷入未来无法预料的困境，而积极关键经历则像阿基米德的支点，轻轻一压便可撬动儿童内在的力量并最终给他的未来带来积极的改变。这些来自社会底层的孩子无比渴望成功，这一渴望如果不能被满足，将成为驱动他们的力量并利于他们应对未来。一个简短甚至一次性的活动有潜力对一个人产生如此巨大的变化，背后起作用的是振奋人心的、满怀希望的、令人鼓舞的信念。

毫无疑问，让我和我的兄弟姐妹没有误入歧途的是我们的母亲。她那关切的双眼从未离开我们。尽管她的童年没有学习的机会，但是她把好奇心传递给了我们，并向我们灌输了高等教育是获得美好未来的关键这一理念。“如果可以，我愿意出卖我的双眼，为你们换取学习的机会。”然而她无法这样做，因为她需要照顾10个孩子。同时，她对以色列文化及高等教育的必备条件缺乏了解，她也无法在学习上帮助我们，使得高等教育成为我们的一个遥不可及的梦。在这个背景下，就不难理解我的积极关键经历对我产生的巨大影响以及对我的兄弟姐妹产生的间接影响。这一经历弥合了我意识中的鸿沟并让高等教育成为一个可实现的愿景。

二、关键经历之后

为实现我为自己设立的目标——上大学，我必须跨越一系列障碍。第一个必要条件就是从高中毕业获得正式的预科证书，尽管这并不足以让我被大学录取，但这也并不简单。我在贝尔舍瓦的一所高中就读一年后，转去了贝尼阿奇瓦耶希瓦寄宿学校读10年级。由于我在贝尔舍瓦接受的教育比耶希瓦的要简单，因此我和寄宿学校中其他的同学的巨大差距使得我的数学老师几乎放弃了我。有一天他对我说："我感觉你应该无法参加数学升学考试，因此你可以不用来上课了。"在我和伯格曼教授相遇后，我明白了要想考入大学，我必须学好数学并在升学考试中取得好的成绩。因此，当我在暑假后回到寄宿学校时，我找到数学老师，向他解释我想继续来上课并保证我会努力追上去。我可以看到他的脸上对我缺乏信心的表情，但幸运的是，他没有反对。

因此，我开始在晚上独自学习以缩短我和同学们之间的差距。我想用同样的办法提高我的英语水平。因此我找到我的英语老师向他询问要想提高英语水平参加英语升学考试，我需要做些什么。他建议我阅读英文短篇。于是，我开始将我所有的闲暇时间投入数学和英语的学习中。起初，这看起来像一项无法完成的任务，然而通过我的刻苦努力与坚持不懈，我慢慢赶了上来。大概在6个月后，我开始看到我努力的成果。考试分数的大幅度提高激励了我继续努力并提升了我能够完成这个任务的信心。我开始觉得我的学习成绩主要取决于我的意愿与努力。我的学习成绩甚至还提升了我在寄宿学校的社会地位。

回想起来，那时最简单的选择其实是放弃数学和英语的升学考试，这样我可以获得一些闲暇时间，我肯定会用来玩足球或者篮球，或者仅仅是休息。然而，我母亲浸染我的巨大好奇心以及伯格曼教授对我坚定的信心，让我坚持好好学习这些课程。从某种意义上，我的坚持对于我的未来是根本的、决定性的。这意味着那段时期我在寄宿学校生活远离家庭。我的父母和兄弟姐妹完全没有参与到我的学习中，相反的是，我的哥哥姐姐为了家庭生计不得不在小小年纪就辍学。

我的父母对此没有兴趣并不是因为他们不关心我，而是他们没有受过高等教育，存在意识缺失。父母缺乏关于高等教育重要性的意识以及他们没有能力指导、协助他们的孩子提高成绩，是缩小教育差距的主要障碍之一。缺乏这一意识的父母、未受教育（或受教育程度低）的父母与接受了高等教育的父母之间的差距只会使得教育差距继续扩张。受过良好教育的父母重视教育，他们会促使、推动儿童理解教育对于人生成功的重要性。另一方面，未受教育的父母的孩子，只能获得非常有限的支持、建议和协助，因此在学习方面主要依靠他们自己。

同样，相较于未受教育或者受教育程度低的父母，受过良好教育的父母通常拥有更受尊重的职业。因此，父亲职业的声望和获得升学许可之间存在明确的相关性也就并不令人意外了。调查发现，在1995到2008年之间，高中生获得大学入学许可的数量大幅度增加，然而，这主要发生在父母拥有较好声望的工作和受过良好教育的人群之中。这意味着升学率的增长伴随着不同社会阶层不平等的巨大差距的增长[4]。

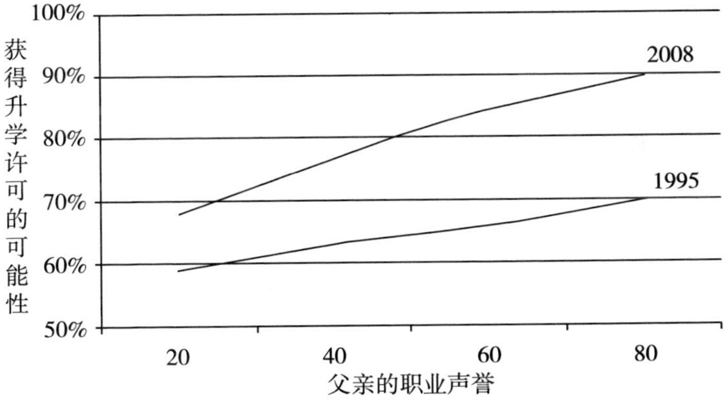

图1　高中生获得升学许可的可能性

根据1995—2008年学生父亲的职业声誉

来源：巴尔·哈伊姆，布兰科和沙维特，陶布中心（Bar Hain，Blank and Shawit，Tamb Center）

根据国际标准职业社会经济地位指数（1=低，100=高）

我的父母都是淳朴、天真、有敬畏心的老实人，他们以自己的方式给予我和我的兄弟姐妹一个精神上富裕、物质上贫困的童年。他们为生计奔波，不懂也没有能力顾及我的学习。我的父亲是一名建筑工，毕生努力工作。为了减轻家庭负担，我的母亲在她年纪很小的时候就出去工作。正如我上文提到的，她是社区中心的厨师，在那里她遇到了伯格曼教授的妻子。我童年时期积极的关键经历一定程度上补偿了我父母在我高等教育上的意识缺乏，并促使、帮助我聚焦于一个目标：上大学。最后，通过勤奋努力和坚定的决心，我完成了高中的学业并获得了正式的入学许可。

在我完成兵役的几个月前，我毫无准备地参加了大学入学考试。我仅向我服役的作战部队请了一天假，考试完就立刻返回了部队。回想起来，这一举动似乎很天真，甚至很无知。它源于缺乏意识、指导和建议。但是在那段时间，大学入学考试的预科课程并不像现在这么普遍。即便有，凭我手里贫乏的资源，我很可能无法负担昂贵的学费。现在有一些私立学校为学生提供大学入学考试的预科课程，然而价钱非常昂贵，这也成为来自低收入阶层的年轻人的另一道障碍。

在参加录取考试的同时，我提交了本·古里安大学的报名表。有一处需要我按照偏好顺序填写三个我想学习的学科，我只填了“计算机科学”。因为我对其他学科一无所知，我只想成为伯格曼教授任教的数学与计算机科学系的合格一员。然而，实际上我很担心我的学术之旅会在报名之后终止。报名后的每一天，我都满怀忧虑地查询是否收到了大学的录取通知书。对于是否能被录取，我很悲观。直到等待已久的信件到来那刻，我甚至害怕打开它。然而出乎意料、令我狂喜的是，我竟然被我梦寐以求的本·古里安大学数学与计算机科学系录取了。那一刻，我沉浸在无限的激动与荣耀中。

与录取通知一起发送过来的还有一封邀请函，所有的新生被邀请在学年开始之前参加一次咨询会并选好自己的课程安排。我盼望着那天的到来，这样我就可以再次见到伯格曼教授了，因为信中提到他将是其中的一位学术顾问。自从我们最初在计算机实验室的几次会面后，我们就再也没有见过了。我激动地告诉他，我被他任教的学院录取了。而萨姆看起来似乎比我更激动，并在那天邀请我共进午餐。我们坐在一起聊了几个小时。我无比激动、心满意足。他体贴温和地告诉我，我并不孤单，只要我需要任何指引、支持和协助，他都会帮助我。仅仅是这一提议就让我感到镇定与安全。

被大学录取后，我提前两周从至少需要服役三年的义务兵部队退伍，这样我可以马上开始学习。从士兵到大学生的身份转变非常突然：周四我将部队装备还回基地，接下来的周日我就骄傲地出现在大学校园开始了第一天的学习生活。在学年刚开始的时候，我漫步在教室与礼堂之间，然而很快我发现，如果要完成学业，我必须刻苦努力学习。同时，我还要找到可以支付我高昂学费的办法。因此，除了日常学习，我还需要在贝尔舍瓦做一些园艺、油漆工和代课的兼职工作。社会贫富阶层之间的经济、文化、认知差距同时也是导致教育机会应用差距的原因之一。众所周知，父母的社会经济地位和孩子的受教育程度存在紧密的关联。然而，这一关联与平均分布在不同阶层人们身上的能力和潜力并没有关系。

目前的情况主要是由父母缺乏经济能力、指引能力，以及对于孩子继续学习的期望所致。如果父母未受教育，孩子获得了学士学位后通常会觉得，与父母相比，他们已经获得了“足够”的学历。另一方面，受过良好教育的父母，其子女通常会遵循他们的足迹甚至比他们更出色。与我的家庭及成长环境相比，我的学业具有开拓性，我可以被视为家庭的异类。然而，对于我的孩子而言，学术研究是一个很自然的前进方向。研究发现20世纪90年代的升学考试改革以及21世纪初的高等教育改革导致了受教育率的提高，然而也加剧了不同阶层教育不平等的现象。[5]

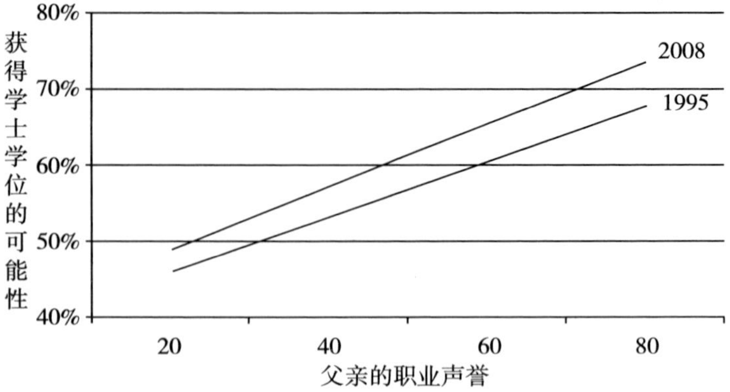

图2　完成升学考试的学生获得学士学位的可能性
根据1995年和2008年其父亲的职业声誉

来源：巴尔·哈伊姆，布兰科和沙维特，陶布中心
根据国际标准职业社会经济地位指数（1= 低，100= 高）

1984年，在我成功取得数学与计算机学士学位后，我想从事计算机领域的工作并向一些企业投递了简历。在死海工程公司贝尔舍瓦办公室，我获得了取得学士学位后的第一份工作。他们向我解释了作为一名程序员的职责以及相关的要求。企业开出的基本工资是每月1 600谢克尔[①]。这是一个合理的起薪，然而在编程领域并不是特别高。面试结束后，我来到了父亲工作的建筑工地，这里距离我面试的地方并不远。正值午后，我的父亲和他的同事刚在工地边坐下准备吃午餐。父亲见到我很高兴，他立即把他的午餐让给我。我告诉他我并不饿，并谎称刚刚已经吃过午餐，因为我知道这是唯一能让他放弃的方法。最后他只能作罢，但仍坚持为我沏一杯茶。

他将工资单递给我并让我看。我打开工资单看到他的月薪后非常诧异——包括加班费——总共仅有360谢克尔。这是我父亲作为这家建筑公司33年资深员工的薪水。而我一个初出茅庐的小子，将获得的工

① 谢克尔（shekel），以色列旧货币单位，现已被新谢克尔（NIS）取代。——编者注

资却是33年来辛苦地做着复杂工作的父亲的近4.5倍。在这巨大的差距面前，我感到无比的愤怒。然而，尽管父亲的薪水很低，但他对自己的工作从无任何怨言，而且，总是因公司雇用了他而满怀激情地维护公司。他为自己能有尊严地养活家庭感到荣耀，而这归功于公司雇用了他。“感谢他们，是他们保障了我们的温饱。”他总是这么说。我从不理解我父亲的天真以及他极强的纯粹信念从何而来。在很多方面，我的父亲是我遇见的人里面精神最为富足的——面对自己所拥有的感到真正快乐的人。

在我获得学士学位后，我觉得我必须亲自向伯格曼教授对我取得的成绩所做出的决定性贡献而致谢。我们坐在他家的阳台上一边看着内盖夫沙漠的风景，一边喝着冰啤酒。在对话中，他问我：“那么，接下来你打算做什么？”我说我打算在这份暂时的新工作里积累一些经验，然后准备在这个领域找一份稳定工作。他说：“为什么不继续学习呢？”我说我对获得学士学位已经很满意了，“特别是我的父亲从未上过大学，而我的哥哥连高中都没有毕业。”萨姆对于我的答案感到很诧异。片刻沉默过后，他问：“你父亲和哥哥的教育水平和你有什么关系？为什么你甘心被不存在的枷锁束缚？”我再次感到了缺乏权威声音和父母的指引的缺陷，我原以为这一缺陷在前几年读大学期间就已经得到弥补，这句质问在随后的几天中一直回荡在我的脑海里。

萨姆提出的观点让我惊愕，也让我反思：我们所谓的许多限制其实并不成立。绝大部分都取决于我们自己而且仅取决于我们自己。如果我们相信自己，如果我们愿意为自己的未来承担责任，那么我们可以走得更远。

我们的出身以及我们开始的地方并不一定是我们的梦想的阻碍。数周后，我申请了硕士学位的学习，并于1987年成功毕业。伯格曼教授的指引弥补了我过去意识的缺乏、加强了我的自信，并提高了我获得硕士学位的可能性。根据数据统计——我只有百分之十几的概率能获得硕士学位。

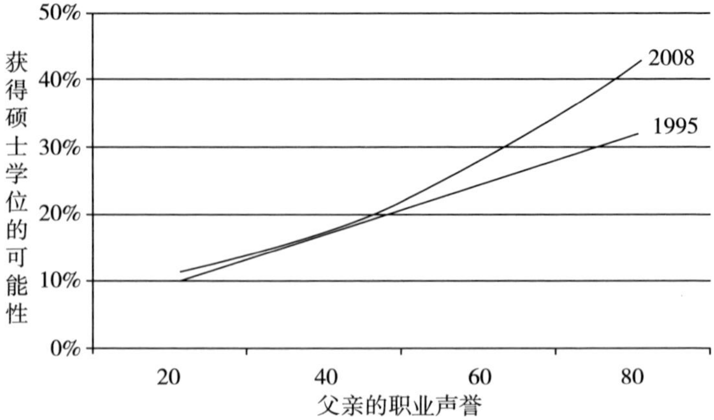

图3　完成升学考试获得硕士学位的可能性

根据1995年和2008年其父亲的职业声誉

来源：巴尔·哈伊姆，布兰科和沙维特，陶布中心

根据国际标准职业社会经济地位指数（1= 低，100= 高）

图中的数据统计呈现了一个许多人没有意识到的悲伤现实。它如同一团乌云笼罩在成千上万和我有相似社会经济背景的孩子头上。通过多年密集参与以色列的一系列社会活动，我曾经历过的并没有成为过去。现在，许多以色列儿童仍然面临我儿时遇到的困境和风险。很大程度上，底层和上层阶级的教育差距比过往更大，这些儿童摆脱贫困命运的机会愈发渺茫。我不知道以色列是否可以长期承受这样的局面。

第二章　从内探究以色列社会

你和我，将从头开始努力。
尽管对于我们而言很艰难，但没有关系，情况并没有那么糟糕。
其他人已经说过类似的话，但没有关系——你我将改变世界。
——埃里克·爱因斯坦（Arik Einstein）

一、教育及社会平等方面的差距

自以色列建国以来，社会经济就处于动荡不安中：恶性通货膨胀、银行股票危机、阿拉伯国家对以色列的集体抵制以及多场战争。由于面临太多困难，以色列政府在过去几十年中进行了经济改革，科技的进步以及高科技市场的发展推动了以色列的社会进步和经济的飞速发展。最近几年，以色列的国际贸易顺差、债务率和财政赤字降低及持续的劳动市场参与率的增长反映了经济的增长。

以色列的国民生产总值从2006年的9 636.8亿新谢克尔（将近4 400亿美元）增长至2015年的14 862.13亿新谢克尔（将近5 800亿美元）[1]。因此，国外投资者、世界银行以及世界信用评估机构等均对以色列的经济怀有极大的信心。除了以色列的企业家精神，它的无畏、想象力、创造力和敢作敢为的精神以及经济力量吸引了来自世界各地的企业主动上门希望在以色列建立发展中心以及并购或投资以色列的初创企业和先进的技术。

以色列建国以来，在许多领域取得了惊人的成绩，如农业、制造业、科技、医药、研究、安全等。独特的创造力使得以色列成为世界各地许多人嫉妒的对象，甚至还获得了“创业国家”的绰号。在以色列社会面临不同寻常的挑战的情况下，如吸收大量移民（超过37%的人口为移民）、持续的阿以冲突导致高额的国防开支等，以色列所取得的成就显得尤为可贵。然而，以色列虽然在经济领域取得了巨大的进步，在教育和社会平等领域却一败涂地。

教育是社会的基石，也是缩小社会差距、获得社会平等的最有效的工具之一。教育在决定个体的收入和生活质量以及国家的经济发展水平上扮演了决定性的角色。现实生活印证了俗语“知识就是力量”，高等教育增强了个人的自信心和财务安全。教育程度和就业率以及收入水平之间有密切关联。这些差距在金融危机期间更显而易见，特别是自2008年世界经济危机以来，教育程度对就业前景的影响就与日俱增。

世界经济合作与发展组织（Organization for Economic Cooperation and Development，简称 OECD）2013年的调研发现，在2008年至2011年间，世界经济合作与发展组织所有成员国中只获得低教育程度的人群和接受了高等教育人群之间的失业率差距一直在扩大。在所有年龄段中，只获得低教育程度的人群的失业率上升了3.8%，而获得了高等教育的人群的失业率只上升了1.5%[2]。以色列的情况大体相同，不同教育背景的阶层间存在巨大的失业率差距，同时收入的分布也与缺乏劳动力市场所需的技能，特别是缺少高等教育相关。[3]

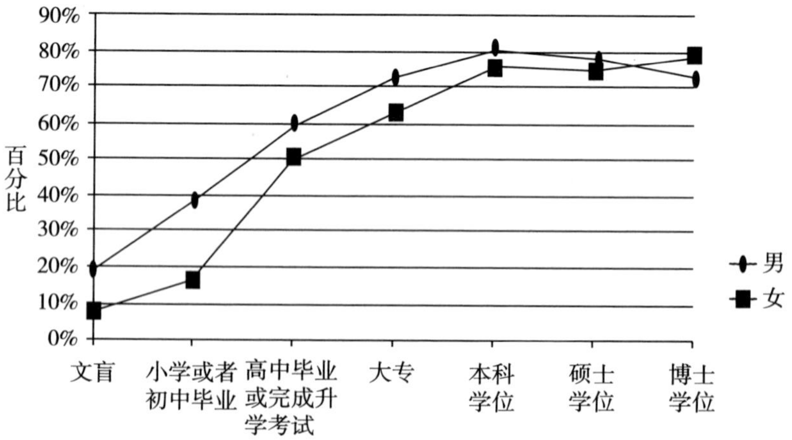

图4　受雇人员的性别和受教育程度（2011年）

来源：中央统计局（Central Bereau of Statistics）

教育的质量对于以色列尤为重要，因为人力资本是这个国家的主要资源。教育的重要性体现在世界经济合作与发展组织的数据中，数据显示以色列劳动力市场获得的教育回报高于发展中国家的平均值。[4] 在过去的几十年中，虽然以色列的教育支出增加，并开展了教育体系改革，但以色列教育体系的成果出现了持续且令人担忧的下滑。[5] 2015年国际学生评估项目（Program for International Student Assessment，简称 PISA）发现9~10年级以色列学生在科学、读写能力和数学方面的成绩大大低于世界经济合作与发展组织国家同等学段孩子的成绩。这些考试的结果同样反映了富人和穷人以及犹太人和阿拉伯人孩子之间成绩的差距正在令人不安地扩大。自1999年以来，处于社会经济弱势地位的以色列儿童，其成绩明显低于世界经济合作与发展组织国家处于相似困境儿童的成绩。[6][7]

同样，2015年国际教育成就评价协会（Trends in International Mathematics and Science Study，简称 TIMSS）考查了来自世界39个国家8年级学生的知识储备和认知技巧，发现以色列儿童的数学和科学成绩较2011年发生了显著倒退[8]，该研究表明，不同社会阶层的学生以及不同家境的学生在数学和科学领域的知识储备也存在巨大差距。你会发现在以色列处于社会经济高阶层的儿童与处于社会经济地位低阶层的儿童之间的差距只是在不断扩大。[9]

在大部分经济发达城市的公立教育体系外，家长为孩子额外付费，课外补习体系也随之发展了起来。总之，我在沙仑地区的一个富裕城市的高中做过一项非科学的调查，发现90% 的学生正在参加父母为其付费的家教课程。与一些经济落后只能提供少量课外活动的城市相比，这是在当地政府提供丰富的课外活动和兴趣班的基础上的额外课程。经济发达的城市，其课外补习体系的发展将以色列的优秀教师纷纷吸引过来。这些老师在公立学校任教，同时在放学后做家教。这一现象使得地缘经济弱势地区的师资质量持续下降。

课外补习的现象甚至导致了国家中心城市和边缘城市12年级学生在参加5级单元升学考试（最高级别，更易于被理工科录取）人数上的巨大差异。例如，2014年，有201名来自发达的拉马特哈沙容（居民人数44 000人）地区的学生参加5级单元数学升学考试，与之相比，南部边缘城市基尔亚特马拉奇（居民人数24 000人）参与此次考试的仅有2人。要在升学考试中取得好成绩，学生们就必须付出巨大的努力，而家教老师很大程度上能帮助学生提高成绩。[10]然而，家教课程昂贵，不是处于社会和经济边缘地区的人承担得起的。

表1　5级数学考试考生数量在不同地区12年级学生数量中的占比

中心区域VS边缘区域（2014年）

前十城市

拉马特哈沙容	25.00%
赫兹利亚	24.18%
拉安那	19.27%
拉玛特甘	18.92%
基利亚特阿挪	18.72%
吉夫阿塔伊姆	17.86%
海法	17.61%
卡法萨巴	15.75%
基尔亚特蒂维恩	15.67%
莫顶－马卡宾列乌特	15.51%

后十城市

提比略	5.30%
贝特谢梅什	5.00%
阿卡	4.80%
塔伊比	4.38%

（续表）

沙发拉姆	4.08%
内提沃特	3.81%
拉姆拉	2.91%
采法特	2.73%
拉哈特	1.54%
基尔亚特马拉奇	0.82%

来源：Ynet 网站，2016年5月

参加5级单元考试的人数如此稀少，以及由此对经济带来的负面影响使得教育部在2016年采取了声势浩大的行动以增加此考试的考生数。这一行动极大增加了12年级学生参加5级数学考试的人数：从2015年的10 804人增加至2016年的12 800人。[11]然而，大部分新增的5级考生来自基础建设良好的城市。高低社会阶层之间教育的巨大差异同样使得政府在2016年补充了预算，并重视数学、英语和科学的教育。衡量学习效率和增长的麦兹阿语会考（Meitzav）在2015—2016学年的测试表明，相较2014—2015学年，来自较差社会经济背景和较好社会经济背景的儿童在科学和科技、希伯来语和数学上，差距有所缩小。[12]要缩小经年累积的因忽视而导致的巨大差距是一个漫长的过程，它需要额外的预算投入和坚持不懈的态度。2014—2015与2015—2016年间的轻微改善是朝着正确方向迈进的一小步，距离将差距缩小至合理可接受的范围还有一段很长的路要走。

在阿拉伯人群体中，差距甚至更大。你可以轻易看到国家在发展预算、教育预算等方面对他们的歧视与持续忽视。这些差距体现在阿拉伯学生与犹太人学生的成绩差异上。贝都因人与其他族群的差距已扩大到令人发指的地步，对于这个族群的忽视及其恶劣的处境已成为以色列贫困人群的标志：贝都因学生参加数学5级单元考试的比例非常低，基本上在2010年的2%和2014年3.3%之间徘徊。超过50%的阿拉伯考生以

及贝都因考生都在高教育赤字的学校里就学（人口较少）。2014年，仅2% 的阿拉伯考生存在较低的教育赤字（人口众多）。而另一方面，超过一半的犹太考生就学于被定义为较低的教育赤字的学校。[13]

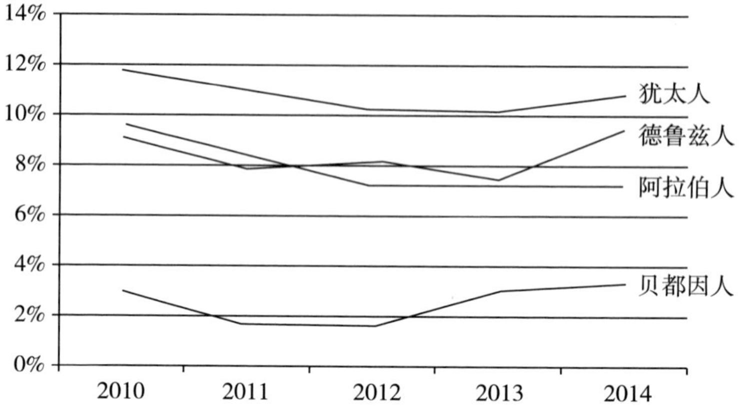

图5　数学5级单元考生比例

按族群分类（2010—2014）

来源：亨利埃塔·索尔德学院（Henrietta Szold Institute）

麦肯锡等公司对世界经济合作与发展组织成员国成功教育体系开展的细致研究发现，任教老师的质量是教育成功的决定性因素之一[14]。以色列教师低微的地位和薪资意味着这一行业在以色列不受重视，因此要招募优质人才进入这个行业尤为困难。来自富裕家庭的学生生活在财政优渥的都市，享受着高质量老师的教导、丰富的家庭教师资源和当地财政支持的大量课余活动及课程，因此他们和边缘地区学生的成绩差距日益扩大。

父母缺乏意识是造成来自不同社会经济背景的学生产生巨大差距的另外一个原因。受过教育的父母了解并意识到丰富孩子的学习生活、帮助孩子进步有不同的方法，并且对此很感兴趣。然而，许多未受教育的家长忙于日常生计，没有时间和空间琢磨帮助孩子获得更好成绩的方法。

教育的差距直接影响了社会差距并在很大程度上加剧了以色列社会的不平等。在这一背景下，我们需要注意的是，在建国后的前十年里，以色列以建立了一个平等的社会为傲。诺贝尔奖得主美国犹太裔宏观经济学家保罗·安东尼·萨缪尔森（Paul Anthony Samuelson）在他的经典著作《经济学：导论分析》（*Economic：An Introduetory Analysis*）中写道："哪个国家是当今最为平等的？如果我们只着眼西方世界，那么答案或许就是新兴国家以色列。"[15]

那是这个年轻的发展中国家曾经的纯真年代。从20世纪80年代中期开始，以色列经济经历了从集权式多部门重税收的经济制度到更有竞争力的市场经济的转变。以色列政府逐步迈向私有化，开放外汇市场并减免税收。然而，随着以色列建国以来在许多领域取得了巨大的进步，社会不平等扩大到了令人惊骇的程度。

基尼系数是衡量收入分配不平等程度的常用指标。基尼系数从0至1。0意味着完全平等，即每个人拥有相同的收入，而1意味着完全不平等，即一个单位的人拥有了所有的收入而其他人什么也没有。根据这一指数，在1998至2012年间，以色列不平等指数从0.36上升至0.39（转移支付前的经济总收入），位列世界第70名并成为西方国家中经济最不平等的国家之一。[16][17]2013年以色列银行报告指出，同期（1998—2012）边缘地区和中心地区居民的经济收入差距同样在扩大。[18]2014年的数据告诉我们，以色列的贫困率——收入低于贫困线人口的百分比以及不平等指数均高于发达国家平均水平。[19]

表2　贫困率和不平等指数

以色列与世界经济合作与发展组织成员国平均水平对比

指数	以色列	世界经济合作发展组织成员国平均水平
全部人口贫困发生率	22%	10.9%
可支配收入基尼系数	0.360%	0.308%

来源：以色列议会——2014年国民保险报告

根据2014年以色列国家社会保障报告（National Social Security report）显示，与2013年的21.8%相比[20]，22%的以色列人——超过170万，其中儿童77万，生活在贫困中。这份报告同样表明了中心城市和边缘城市贫困家庭数量的差距：中心城市贫困家庭比例为11.6%，北部为30.2%，南部为19.5%。你会发现不管是从整体上还是在不同群体中，如儿童、老人、妇女，以色列贫困率都高于欧盟国家。以色列儿童贫困率尤为突出：2014年以色列儿童贫困率为31%，而欧盟国家平均仅13%。[21]2015年联合国儿童基金会（UNICEF）界定以色列儿童最为贫困，甚至比罗马尼亚、墨西哥、智利、保加利亚和希腊的儿童还要贫困，[22]且27.5%的以色列儿童生活在贫困中。

二、福利支出的差距

政府为贫困人群提供帮助是成功消除贫困的显著方法之一。政府扶贫包括提供社会保障津贴及各种社会服务。然而，在20世纪80年代中期，以色列政府对贫困人口的援助逐渐下降。[23]日益扩大的社会差距和由此导致的负面影响使得政府组建了由阿拉洛夫（Alalouf）领导的扶贫委员会向贫困宣战。委员会的目标在于提出一个全面长期的计划以应对社会差距和贫困。为此它设定了一个消除贫困的宏伟目标并希望在十年内让一半的以色列贫困家庭脱离贫困。为了这个目标，委员会建议大幅度增长福利预算并组建专注对抗贫困的中央总部。

在委员会递交报告的后两年（2015—2016），尽管委员会建议额外增加74亿新谢克尔的预算，政府仍只打算针对贫困问题增加4.34亿新谢克尔，调整后的预算为19亿新谢克尔。委员会提出的主要建议为在中央政府内建立一个分支部门专注消除贫困，然而这一提议还未实施，且尚不确定今后是否能落实。[24]尽管以色列社会存在巨大的不平等和高贫困指数，但有关消除贫困和不平等的议题似乎并未成为国家的优先事项。否则，我们无法理解为什么以色列的公共福利支出较国内生产总值的占比为全球最低之一，这使得社会差距持续扩大，并让以色列和土耳其、智利以及墨西哥等国一起排在最后。[25]

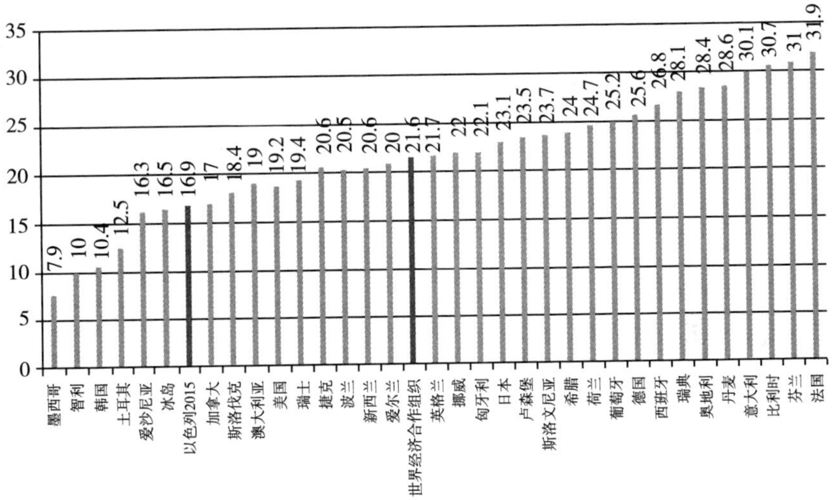

图6　世界经济合作与发展组织成员国及以色列的公共福利开支在国内生产总值中的占比（2014）*

来源：世界经济合作与发展组织、国民保险（National Insurance）、中央统计局

* 智利、土耳其和新西兰为2013年的数据，墨西哥为2012年的数据，日本为2011年的数据

我们所描述的巨大的教育差距和扩张的社会不平等现象与西方国家广泛认可的观点一致。同时以色列的一些社会学家也认为：在以色列，社会流动性，即从一个社会阶层流动至另一个社会阶层的可能性微乎其微。社会流动性是一个社会机会平等的特征之一，它意味着个体晋升的机会并不取决于个体的地位或者家庭的地位。经济史学家格雷戈里·克拉克（Gregory Clark）在他的《二代崛起》（*The Son Also Rises*）中指出，当今世界社会流动性并不比英格兰封建社会时期好多少。工业革命、现代社会、公共教育以及随之而来的其他社会安全网络、自由民主制度、生活质量的提高等现存于西方世界的一切并没有较200或300年前更大程度提高社会流动性。[26]

同样，社会阶层之间的差距日益扩大。各阶层之间财富的差距令人吃惊：2015年，世界10%的人掌握了世界87.7%的财富，最高百分位的人拥有世界总财富的50%。相反，最低的五个十分位的人拥有的财富加起来还不到全世界财富的1%。[27] 在1979至2009年间，美国公民收入增长的36%都进入了最高百分位数人群的口袋中。[28]

表3 根据十分位人均标准净收入，最高十分位数和最低十分位数人群平均收入差距

	2000	2002	2004	2006	2008	2010
瑞典	–	3.3	3.3	3.5	3.5	3.5
丹麦	–	–	3.4	3.4	3.6	4.4
芬兰	3.3	3.7	3.5	3.6	3.8	3.6
法国	4.2	3.9	4.2	4	4.2	4.5
奥地利	3.4	–	3.8	3.7	3.7	3.7
比利时	4.3	–	3.9	4.2	4.1	3.9
荷兰	4.1	4	4	3.8	4	3.7
卢森堡	3.7	–	3.9	4.2	4.1	4.1
爱尔兰	4.7	–	5	4.9	4.5	5.3
德国	3.5	–	4.1	4.1	4.8	4.5
西班牙	5.4	5.1	5.1	5.3	5.4	6.9
意大利	4.8	–	5.7	5.5	5.1	5.2
英国	5.2	5.5	5.6	5.4	5.6	5.4
希腊	5.8	–	5.9	6.1	5.9	5.6
葡萄牙	6.4	7.3	6.9	6.8	6.1	5.6
欧盟平均	4.5	–	4.8	4.6	4.9	5
以色列	6.5	7	7.6	7.4	7.5	8

来源：中央统计局

中央统计局2015年家庭支出调查显示，两个最高十分位和两个最低十分位之间的收入差距从2000年的6.5倍上升到8.2倍。这一差距为欧盟国家之最。两个最高十分位人群的财务净收入占以色列家庭总收入的38.9%，而两个最低十分位人群的财务净收入仅占6.4%。2015年，最低十分位家庭的平均收入为4 275新谢克尔，而最高十分位家庭的平均收入为35 244新谢克尔。另外，较低十分位家庭的平均月支出为7 601新谢克尔，而较高十分位的家庭月支出为19 877新谢克尔。

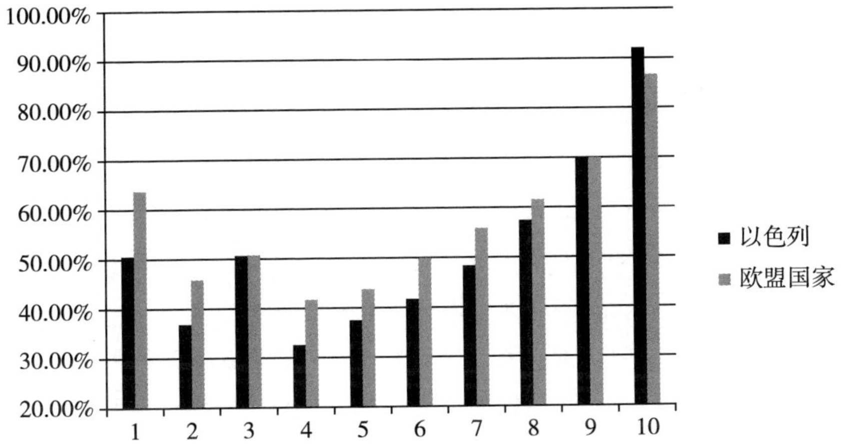

图7　处于相同十分位的比率（根据十分位）

来源：加利特·本·内姆和阿列克谢·别林斯基（Galit Ber Neim and Alexei Belinski）

同样，在以色列，三个最高十分位人群的社会流动性显著低于欧盟国家。在1995至2009年间，处于最高十分位的人群约有92%在第二年仍在最高十分位人群中，而欧盟国家仅为80.4%。以色列最低十分位人群的流动性和欧盟国家相似。第二、三、四个十分位人群社会流动性要显著高于欧盟国家。然而，大部分成功进入较高十分位的群体仅上升了一个十分位。上升到前四个十分位的人群的普及率相较欧盟国家要低。[29]

三、通过教育实现社会流动

“在世界各地，犹太人的社会流动依靠教育而实现——除了在犹太国家。”莫什·哈伯教授（Prof. Moshe Halbertal）如是说。[30]社会经济弱势边缘群体与强势中心群体的收入差距以及边缘群体的薄弱教育体系使流动变得困难。学校的政府资金不用于教授主课（如数学、英语等）实际上稳固了阻碍社会流动的教育体系。社会流动的程度同样影响了以色列社会的团结力量。如果某一社会群体的成员认为他们的经济路径被堵塞或者被部分堵塞，那么他们将不再富有同情心，甚至会对那些他们认为对此负有责任的人怀有敌意。这一感觉对于犹太复国主义计划的目的十分重要：通过聚集流亡者创建了一个新的国家，其中一些人感受到与民族休戚与共的命运，脱离了起源于流亡者的派性主义。[31]

尽管我的经历可以作为一个实现了社会流动的案例并证明了内在的机会。然而，社会差距在变大，我的个案只是一个例外，不能代表全部。此外，事实上有很大一部分经济学家和社会学家声称社会差距和缺乏社会流动的原因是命运的使然——这成为政府不作为和无可奈何的借口。而且，这一思维定式动摇了低收入阶层的信念并成为他们想收获美好未来的人为障碍。

以色列各阶级间的差距同样反映在健康指标和健康服务以及可及性上。[32]根据世界卫生组织（World Health Organization，简称 WHO）同样运用于以色列的统计发现，教育、收入、文化和遗传特性（如近亲结婚）也会影响健康的差距。健康服务可及性的不平等和质量及可获性的差异导致弱势与中心群体、贫穷与稳固中产阶级之间在预期寿命、总死亡率、婴儿死亡率以及罹患严重疾病的风险概率上存在巨大差距。[33]

不平等的增长是一个世界现象。世界经济合作与发展组织总结其研究的经济学文献提出了不平等现象持续增长的三个原因：（1）科技的发展改变了人力资本。它提高了精英教育个体而非普罗大众的生产率。（2）全球化的过程实际上让大而贫困的国家如中国和印度成为国际贸易和产品定价的主要因子，特别是由受教育程度低的工人制作，销售于发达国家的产品。（3）监管不力以及并不强制执行劳动法中对劳工市场中的低收入工人进行保护的法条。[34]这些理由可以对以色列不平等的程度做出一定解释，但是却无法解释为何以色列的不平等程度和社会差距的扩张速度是西方国家中最高的。

有两类人口尽管占全国人口总数比例低，却对以色列的深度贫困和不平等产生了巨大影响：阿拉伯人和哈瑞迪人（ultra-Orthodox sector）。这些人与以色列主流人口共存却很大程度被隔离。根据2015年全国社会安全报告显示，阿拉伯贫困家庭比例从2013年的47.4% 上升到2014年的48.1%。报告中的数据显示，以色列总贫困人口的37.4% 属于阿拉伯人，但阿拉伯人仅占以色列总人口的20% 多一点。哈瑞迪人占以色列总人口的9.6%，但其贫困人口占以色列总贫困人口的17.5%。哈瑞迪贫困家庭比例从2013年的52.1% 上升到2014年的52.4%。[35]

尽管积极趋势显示，哈瑞迪人加入劳工市场的人数日益增长，但哈瑞迪人的持续贫困状态及其攀升的贫困率仍然存在。2014年，48% 的哈瑞迪男人以及69% 的哈瑞迪女人有工作。这一趋势在2015年甚至有所改善，分别为52% 和71%。哈瑞迪领导人反对服兵役并反对哈瑞迪学校开展核心课程的顽固立场恶化了他们的经济处境，使他们陷入只能依靠政府和他人慈善救济的贫困生活。实际上，政府需承担大部分责任，首先，因为政府允许了这种情况的发生，并表明不乐意促进哈瑞迪人融入以色列社会。[36]此外，这一境况使以色列形成了两个社会：一个是受过教育、前途光明、有着高收入的潜力人群的社会；一个则经济前途堪忧，只能依靠政府。[37]

以色列国土狭小，导致了内部社会极端分子的日常摩擦，凸显了社会差距，这些都是处于社会经济边缘地位人群眼中社会差距存在的例证。同时，作为一个实施普遍义务兵役制的小国，在服役期间来自社会各阶层的士兵都处于部队的平等环境中，而当退伍回归平民生活后，他们却要立即面对存在巨大差距的生活，这个转变令人沮丧且痛苦。不同阶层人群之间的社会差距和两极化扩张，严重损害了以色列社会的恢复力和团结。在以色列独特的地缘战略形势下，社会恢复力对国家安全至关重要。[38]

2011年夏天的社会运动让以色列中产阶级聚积已久的挫败感浮出水面。以色列不同群体纷纷就社会不平等表达意见。抗议的主要内容涉及社会不平等，责任承担的不对称以及破坏教育体系的资源分配、就业和住房情况。尽管社会不平等主要影响社会经济地位底层的人群，[39]但是为生计的奔波已占据了他们大量的时间和财富，这使得他们无法为自己的权利而斗争。他们的这一弱点被各国政府在决策中利用，削弱了这些群体并使其弱点固化。若这些决策是有关主流群体的，那么就不会悄无声息地通过。

其中一项不幸的决定是关于容纳埃塞俄比亚移民的。毫无疑问，在以色列吸收埃塞俄比亚移民面临着文化差异等客观困难和其他因素的影响。然而，政府在将埃塞俄比亚移民融入以色列社会时犯了一个悲剧性的错误。政府没有将移民分散为相对小的群组安置到具备良好基础设施、有能力解决移民困难、促进移民融合的大城市，反而将大批移民安置到发展薄弱的城镇——被有些人称为“贫民窟”的地方，从而使当地人口和移民人口都陷入贫困。此外，要融合埃塞俄比亚移民需要这些薄弱的城镇为移民提供特殊的资源与方式，这个额外的负担严重影响了本地人及移民，使他们陷入了长期的困境：埃塞俄比亚移民没有得到融入所需的合适的基础设施、关注以及支持；当地人则被迫与新的贫困人群争夺本已稀缺的资源。

许多强大的城市和集体农场，正如他们所声称的那样，仍存在犹太复国主义精神，但并不参与融合的工作。许多发展中城镇视融合移民为犹太复国主义的一项重要举措。它有益于政府的掌控，但是，由于缺乏对自身群体福祉的长远考量，以及疲于为生计忙碌的拮据日常，这些发展中城镇居民没能提出关于安置的任何意见。这些悲剧性的决定加固了社会差距并加剧了以色列的贫困和不平等。

为了纠正这些错误，哪怕只是一点点。许多非营利组织和善良的人们行动起来，投入了大量的资金和精力组建了许多非营利组织，他们的目的就是改善埃塞俄比亚移民的融入进程。这些非营利组织做着神圣的工作，他们许多人都为这些令人钦佩的成就而自豪。然而，这些行动所带来的变化尽管很重要，但政府在这个问题上做出的糟糕决定导致了巨大的恶果，非营利组织只能在表层做出有限的修补。这些组织的作用主要体现在两个层面：一方面是修复行动，给目标人群带来希望并为他们营造一种团结温暖的感觉；另一方面，则是像一只顽固的蚊子不停地在决策者耳边嗡嗡作响，引起他们对这些问题的关注。

政府利用社会上的弱势群体的弱点，并做出对社会差距产生重大影响的糟糕决策的另一个例子是，将前巴勒斯坦合作者安置在社会经济弱势群体的社区。例如，在我长大的城市贝尔舍瓦旁边的一个贫民区，大部分的人口为来自北非的移民家庭。这些多孩家庭人口众多，但没有谋生能力。在过去的几十年中（撤离加沙地带后），政府决定将与以色列安全部队合作过的巴勒斯坦人安置到这个地区。该地区空置的房子都被国防部夺去分配给了巴勒斯坦家庭。将巴勒斯坦人安置到此地改变了当地的社会构成，使得族群之间的摩擦不断。这项决定的执行对当地居民造成了极大的挫败感，但社会意识和影响力的缺乏及无助感，使得他们被迫接受了这条法令。

这条法令使当地房价下跌，至今仍然如此。少数有能力的人搬离了这个地区，但大部分人没有能力，也没有其他选择，只能终其一生像陌生人一样居住在此。政府利用弱势群体的无能为力轻易做出带来长期社会恶果的决定，这种令人无法接受的“轻松感”是可耻的。事实上，他们以牺牲弱者和透明度为代价提出了“简单”的解决方案，制造出了更大的社会问题。若将巴勒斯坦人安置在经济富裕的城市，可以想象随之而来的一定是骚动与抵制。

教育的差距和社会不平等差距的扩大是西方发达国家共有的弊病。一个采用自由民主资本主义体系的健康社会会自觉为合理范围内的社会不平等支付代价。然而，正如我们所见，以色列巨大的不平等的鸿沟与采用相似管理方式的西方国家相比也是一个例外。尽管存在这些巨大差距，在近几十年，福利问题一直被置于以色列国家优先事项的底端。

以色列和欧洲国家福利支出在国内生产总值中的占比存在巨大差距，差值高达4.7%（如上图6所示）。就2015年而言，这意味着约700亿新谢克尔。这一巨大的差距不可避免地造成了社会差距和特别严重的不平等。这种荒谬的社会差距源于国家偏好有权有影响力的群体、激进的经济政策，忽视弱势群体的社会安全保障，满足贪婪无度的资本主义商业行为。极端的社会差距是导致近年来部分西方国家政治两极化的原因之一。极端化和挫败感导致许多公民对政府体系根本不信任。因此，许多公众甚至将知识视为解决问题的障碍，反而相信摩西·哈伯塔尔教授（Prof. Moshe Halbertal）所谓的“无知的魅力”——富有魅力的、无知的领导人为复杂的情况提出的“神奇的”解决方案。这些差距是社会不稳定的根源，它们有能力造成真正的社会破坏。[40]对这些差距的持续忽视，将让我们每一个人为后果承担责任。正如阿尔伯特·爱因斯坦所说：“世界并不毁于作恶的人，而毁于袖手旁观的人。”[41]

四、不仅通过政治

团结和休戚与共的命运是以色列社会的黏合剂。我们中许多人拥有高度的社会意识，他们生活在差距中并感受到这种情况所带来的痛苦。我们可以在许多次的危机和战乱中找到证据。在危机与战乱期间，志愿精神在全国大部分地区蓬勃发展。但是在平常时期，冷漠主宰着我们大多数人，让我们觉得我们无法改变社会现状。由于这种漠不关心，我们都成为以我们名义而行的不义行为的帮凶。仿佛这都是命运的旨意。冷漠导致麻木并鼓励了国家和领导继续忽视这些差距及其为众多公民带来的可怕影响。对许多人而言，唯一能发挥影响力的方式是通过政治参与。然而政治参与需要妥协，“以避免人们偏离事实真相”。[42]这些妥协是我们许多人不愿或不能做出的。

此外，一部分政治家的贪污腐败行为导致人们对以色列政治产生负面印象。对少数部长、一位前总统和前首相的一系列广为人知的贪污审判，引起了人们对政治家的反感、蔑视和不信任。诺贝尔奖得主S.Y.阿格农（S.Y.Agnon）说："圣人们洗手不干世界领袖的事，是因为他们知道有比他们更聪明的人，他们希望世界由明智的圣人来领导。然而一直以来，愚蠢和邪恶的人却把世界掌握在他们的手中，用他们的邪恶和愚蠢来领导世界。"[43]要说所有的政客都是腐败的，这远非事实，也不公平。无论以什么标准衡量，以色列都是一个独特而令人印象深刻的成功案例，以色列不同的政府在不同领域做了许多好事且做出了一些重要决定以推动和增强以色列的发展。绝大多数政客都是诚实、热爱人民、热爱国家，并且有良好的意愿的人。然而，如前所述，以色列在教育和社会不平等两个领域都遭遇了严重和持续的失败。

必须指出，社会差距不仅是社会经济弱势阶层的问题，同时也是我们每一个人的问题。因为在自由社会中人人都负有责任。[44]的确，造成社会差距的主要责任者是国家及政府机构，但是我们也是政府机构的所有人，我们对它们的漠不关心使我们都成为这一责任的共担者。缩小社会差距和减少不平等程度是国家的主要任务之一，但在许多情况下，政府的优先事项是由政治力量和强大的利益集团的压力决定的，而这不一定和真正需要优先的事项相吻合。具有政治意识和政治关系的强大团体始终将对制定优先事项产生重大影响，以符合其自身利益。而另一方面，社会中缺乏政治意识的弱势群体对国家的优先事项几乎或没有影响能力。此外，政府本身程序烦琐、管理效率低下。对于政府和公共部门而言，除非新的解决方法已经在其他地方进行了试验和证明，否则它们不会采用新的办法来解决问题。此外，作为人民代表的管理部门，政府应该解决广大人民群众共同的问题和需求，因此有时弱小群体的特殊需要仍然得不到满足。近年来，以色列非营利组织和协会的数量不断增加，公众对它们的兴趣也在不断增强。造成这一现象的部分原因是公众对政府的福利政策缺乏信心，同时社会运动的力量和影响在不断增强。“福利国家危机”和始于20世纪80年代，并在90年代得到迅猛发展的公共服务私有化进程，导致了数以千计新的非营利组织的建立和现有非营利组织活动范围的扩大。在许多情况下，这些非营利组织提供了补充服务或取代了原本由国家提供的服务。甚至在公共服务私有化之前，非营利组织就发挥了重要的中心作用。然而，在过去20年里，一个新进程开始了，即政府主动将责任移交给私营组织。这样做的理由是，私人实体显然效率更高，大家也相信他们可以从其他来源获得资金。[45]

在国家放弃其社会责任、减少公共福利开支和对社会参与的支持的背景下，社会参与和团结对建设一个恰当的、道德的和公正的社会的重要性日益增加。显然，这种社会参与不能取代政府，也不能免除政府的责任。更重要的是，不论社会参与的影响力有多大，它总是远远小于国家的权力和预算，不能取代国家在缩小社会差距和解决国家问题方面的作用。然而，社会参与是非常重要的，它的影响和具体比重的重要性要大于其总规模的重要性。

社会参与的程度首先是社会健康、复原力和关爱的证明。除了社会行动本身产生社会成果，通过社会参与，我们能表明我们对社会的责任、表达对国家的优先事项排序的不满，以及表达我们对社会差距和不平等的关心。在一个高度社会参与的社会中，即一个关爱而非冷漠的社会中，争取平等的呼声不仅来自弱者——社会差距不应被任何人所容忍。在这样的社会里，公正的符合道德的解决方案会成为国家的优先事项。

社会参与在很大程度上是社会的良知和指南针。这是我们对国家机构以我们的名义造成的社会不公正所表达的关心和不满。它的目的是缓和、重视、纠正错误，并指引政府完成活动，通过共同努力提高公众对不公平现象的认识，提出新的解决方案，并推动政府采纳这些方案。一个社会的力量是由它与社会中弱者和穷人的关系来衡量的。如果一个社会不为自身采取行动，缺乏团结和相互的责任，那么在这个弱肉强食的竞争型社会中，每个人都只关心自己，对弱者没有同情，这样一个令人窒息的社会就失去了人类生存的基础并将危及自身的稳定性。这样的病态社会不听也不看，就如雅科夫·罗特布利特（Yaakov Rotblit）所说的：

> 谁来吟唱乞讨者之歌，
> 那些被遗弃在路旁的弱者之歌？
> 他们也有名字和面孔，
> 他们不仅仅是一个个做苦力的背影。
> 谁来吟唱苦于生计的劳动者之歌，那些被压弯了脊梁的受压迫者之歌，这是穷苦之人、受辱者与被遗弃者的歌。
> 是谁在救济站领面包？
> 有谁会大声疾呼这很糟糕？
> 我们究竟是从何时起学会了视而不见、充耳不闻，
> 毫不在意地从一旁走过？[46]

在这种情况下，我们能做些什么呢？我们能洗干净双手忽视社会的差距，好像它们与我们毫无关联？我们是否应该放弃，接受不公平和巨大的社会差距，就像这只是一个个人命运的问题吗？在道德层面，我们能袖手旁观、任由社会差距让数代人陷于贫困吗？我们大多数人不能或不想为政治付出代价，但政治是影响和创造变革的唯一途径吗？知道我们有能力改变一个孩子、一个青少年、一个老人，或一个大屠杀幸存者的世界，难道这还不足以让我们投身社会参与吗？我们已经失去同理心了吗？

同理心和善良的价值观是人性最崇高的表现。它们构成了一个健康的、道德的、团结的和富有同理心的社会。[47]真正的同理心不仅仅是一种情感反应，而应是“建立在理性基础上的坚定承诺”。[48]善良是人类独有的一种价值。善良的本质是一种人与人之间的关爱关系、一种可以丰富和磨砺当事人独特的自我并赋予他们生活意义的纽带。[49]团结互助性（Solidarity）注重的是源于同理心与认同感而开展的对本地的援

助。甚至在一个完全以自我主义为基础的世界里，自我主义不仅限于实现个人的生存，有时主要为了实现整个人类社会的福祉。因为人类社会的存续也增加了个人生存的机会，社会中的个人必须为了共同的利益而放弃一些自私的品质。[50]

同理心、慈善、仁慈和对弱者的关心是犹太传统的基石。在这种背景下，拉比阿夫拉罕·耶霍舒亚·赫舍尔（Rabbi Avraham Yehoshua Heschel）写道："犹太人的本质是他介入他人的困境，就像上帝介入一样。我们传统的秘密是，上帝存在于每个人的处境中，每个人必须参与其中。根据我们的传统，任何人如果忘记了教谕中的一段话，他就犯了很大的罪。如果他对一个人的悲伤无动于衷，那他的罪过得有多大？"[51]根据拉比赫舍尔的说法，"犹太人"并不是对一个人种族归属的描述，而是指"他是一个关心他人苦难的人"，因此，他认为，"没有同理心的崇拜比自欺欺人更糟糕，这是令人深恶痛绝的"。[52]罗伯特·英格索尔（Robert Ingersoll）补充道："帮助别人的手比祈祷的嘴更神圣。"

犹太人的传统经常涉及人与人之间的戒律，并强调它们多于人与上帝之间的戒律。这就是为什么犹太教中一个更重要的规则是："正确的行为先于教谕。"教谕中有很多由先知的精神支持的关于帮助的诫命："岂不是要你把食物分给饥饿的人，将流浪的穷人接到家中，见赤身的给他衣服遮体……"（《以赛亚书》58：7）这是社会团结的基本品质。在犹太传统中，乌托邦经济不是存在着绝对平等的社会主义经济，资本主义原则并不与犹太教相矛盾。

以色列的教谕并不反对财富，甚至支持它，也并不阻止人们追求生活质量。[53]教谕允许个体积累个人财产、进行贸易并从中获利。它并不期望绝对的经济平等和消除社会上的经济差距。那些需要帮助的人是真实存在于社会中的，正如教谕中所称："因为地上的贫穷人永远不会断绝……"（《申命记》15：11）实际上，资本主义中也存在阶级差异，它鼓励人们慈善待人。然而，除了自由经济，社会还需要福利政策。"向你土地上的穷人和有需要的亲人伸出援助之手"这一属于个人的慈善义务，并没有免除国家照顾弱者的责任。[54]个体责任和照顾弱者并不是公共福利制度的替代品。它是个人富有同理心、关怀他人的表现和对政府政策的补充。

个人关心弱者和建立公正社会的方式，主要是通过慈善来实现的。迈蒙尼德（Maimonides）依次列举了八种不同的慈善层次。根据迈蒙尼德的说法，最高层次的慈善是帮助穷人或弱者，“帮助他自食其力直到他不再依赖他人”。意思是授人以渔，让他脱离贫困的恶性循环。根据迈蒙尼德的说法，最低层次的慈善是“愁眉苦脸地给予他人”，意思是在别无选择或被迫的情况下不情愿地给予施舍，或者说，授人以鱼。[55]即便在没有选择的情况下做出慈善行为，给予者同样能感受到积极的能量，他的给予行为的涟漪效应会逐渐将他唤醒，促使他想爬上“慈善的阶梯”，因为“追求公义慈爱的，就寻得生命、公义和尊荣”。（《箴言》21：21）

根据犹太传统，慈善行为是实现“修复世界”理念的主要手段之一。它表达了让世界变得更美好、更公正的愿望。以色列第九任总统西蒙·佩雷斯（Shimon Peres）这样定义“修复世界”的概念：“犹太人对世界其他地区最大的贡献是什么？我想说的是缺乏满足感。真正的犹太人是不会真正感到满足的。当他感到满足的时候，他开始怀疑他的犹太人的身份。犹太人是永远不会满足的……既对自己不满足，对他人也是……一代又一代的犹太人站在变革、思想和革命的最前沿。为什么？因为我们不眠不休，不断地寻找，不断地思考创新的、与众不同的东西，我们称之为‘修复世界’的方法。”[56]

“修复世界”不是通过革命或宏大的行动来实现的，而是通过微小、温和的步骤和毅力。帮助“修复”一个人的世界，就是“修复”整个世界。我们每一个人都有能力通过自己的行动——即使是最小的行动——来“修复”这个世界。迈蒙尼德甚至更进一步认为：“只要他完成一个受戒仪式，他就会使自己和整个世界倾向于美德，并带来救赎。”[57]正如伯格曼教授的行为不但改变了我的世界，也间接地改变了其他人的世界。

给予的作用是巨大的，它有能力带来重大的和变革性的改变。给予的行为其实有它自己的生命。给予是个人化的，它丰富并在很大程度上也塑造了传承者和给予者自身。这也平衡了优先事项、礼貌和谦虚的次序。行为的影响超出了给予者的意图。他们改变了世界，展现了人性的善良和美丽。给予有当下和长期的好处。这些行为在发生的时候就让我们感觉很充实，随着时间的推移，也给我们留下了意义感和目的感。给予的行为是唯一真正永远属于我们的东西。它们成为我们自身的一部分。我们可以失去一切，但我们给予世界的永远是我们的。通过给予获得的灵感、满足感、平衡感和意义是独一无二的，没有任何其他的成就感可以与之相比。

在许多方面，科学研究表明给予带来的超验感和宇宙宗教感相似，正如爱因斯坦所说的：“我认为即便对我们来说很难记住它，但在某种程度上我们都熟悉这种感觉：这和当我们惊讶地看到眼前美丽的风景，或目睹某人慷慨或善良的举动，或放弃某个‘我们应得的’东西时，所体验到的激动感颇为相似。”[58]

对世界上大多数人来说，获得幸福是他们的主要愿望之一。然而，尽管人们对个人幸福有着明确而强烈的渴望，但通往幸福的道路并不明朗。缺乏明确性的原因之一是，即使人们认为他们知道什么能让他们幸福，但是他们对什么能让他们幸福的期望有时是不准确的。在很大程度上，我们越专注于自己的幸福，它就越是从我们身边溜走。事实上，只有当我们关注他人的时候，我们才能真正感受到幸福。

难怪许多研究表明，为了他人而参与社会活动会增强一个人内心的幸福感。[59]这一事实甚至得到了中央统计局2013年社会调查结果的支持。该调查发现，“从事志愿活动的人比不从事志愿活动的人对生活更满意，对未来更乐观”。[60]“修复世界”的另一个显著的“福利”是结识优秀的人。拥有共同的价值观是建立真正友谊的基础。

我不希望自己听起来像个传教士。我明白我们都疲于生计，为日常琐事和生活所困扰。但我们在生活中面临的一个挑战是，如何在日常生活、物质需求和自我相处之间找到正确的平衡，以及如何具备抬起头去发现、倾听和回应他人需求的能力。这一挑战并不新鲜，但它比以往任何时候都更加重要。2 500年前，希腊哲学家苏格拉底就告诉雅典人民：“我的朋友啊……你是伟大强盛富有智慧的雅典娜城邦的公民，你怎么能够让自己那么在意积累金钱、荣誉、名声这种东西呢？而对于智慧、对于真理、对于你自己灵魂的完善好像你都很少考虑，难道你不会因此觉得惭愧吗？……我会劝说任何一个我见到的人，不管是老年人还是年轻人，不要那么在意自己和财产，而应该优先并且主要关注自己的灵魂。并不是金钱带来美德，而是美德带来金钱，以及其他任何对人类有益的东西，不管公事还是私事都是如此。”[61]

我们对彼此的关心和帮助，对我们自己的和对我们之中的弱者和穷人的帮助，都是终极永恒的美德。对于哲学家伊曼纽尔·列维纳斯（Emmanuel Levinas）来说，善不是一个抽象的概念或理念。相反，“善涉及社会关系，以真实的姿态表达我们对他人的关心和尊重”。[62]我们每个人都有在两种根本不同的生活方式之间做出选择的权利：一种可能是忽视他人的痛苦，专注于自己，屈服于自己的自然倾向。这种方法不需要任何努力，就像岩石无须努力就能从斜坡上滚下来一样。

另一种生活方式相对困难，那就是社会参与——慈善之路，这意味着对人性的爱、对他人的爱。按照列维纳斯的说法，爱是一种“永不满足的渴望。和朋友握手是为了表达对他的友好，也是为了表达一些无法表达的东西、一些永无止境的东西，比如持续不断的对友谊的渴望”。[63]选择给予的人是关心他人、乐于参与、有爱心的人。丹麦哲学家索伦·克尔凯郭尔认为，永恒只会问我们所有人一个问题：“你的一生是出于绝望而活还是因爱而生？”[64]

第三章　社会行动和社会参与的动机

一个人知道为什么而活，就几乎可以忍受任何一种生活方式。

——弗里德里希·尼采

一、成功动机的重要性

阿尔伯特·爱因斯坦说："信念与渴望是人类一切努力和创造背后的原动力。"[1]这种说法用在社会参与方面也是正确的。每一次"修复世界"的历程都是被想要做出改变的强烈欲望驱动的。渴望的来源因情况而异，但成功的关键是我们对于推动某个特定主题的内在承诺感和激情。这也是一个进入我们的内在、自我发现的历程。在很大程度上，我们如何付出也定义了我们。这条道路同时塑造了行动者的本质和身份。但是，就像任何一段历程一样，它也需要精心准备以增加成功的机会。在这段历程开始之前，我们必须扪心自问的第一个问题是：我们开始这段历程的动机是什么？一个强大、深刻和真实的动机对于这段社会历程的成功是至关重要的，但还不够。动机必须是一种内在的责任感，让人为之热血沸腾、做好为之奉献最好的能量和资源的准备。好的动机就像自动驾驶仪，在许多可预见的危险时刻推动我们一往无前。

我在第一次遇见伯格曼教授的时候，就埋下了社会参与的种子。种子发芽，并成长为一个强大的动机——希望自己可以回馈社会，让那些对我产生过作用的积极影响继续发挥影响力。拿到硕士学位后，我决定继续攻读博士学位。当然，我咨询了伯格曼教授。他建议我去美国学习。因此，1987年，我去了美国，然后进入软件开发行业。在美国待了13年之后，我回到了以色列。但在那13年里，我不停地思考我与伯格曼教授相遇的意义。我非常想知道，在那次的相遇中，是什么从根本上影响了我；如何解释我以及其他人克服重重困难、打破统计数据框架获得成功的特例；为什么我的四个兄弟姐妹都落入了统计数据框架中，而我却逃离了这个框架并跳脱了可怕的统计概率？

我相信，如果我的兄弟姐妹们有机会像我一样学习，他们就能获得更高的学位，并充分发挥他们的巨大潜力。但是，经济现实阻断了这种可能性，致使他们为了养家而放弃学业。另一方面，我考上大学、打破人为障碍的事实，改变了他们的意识。高等教育对他们来说不再像镜花水月般遥不可及。因此，最终我的弟弟妹妹们都完成了高等教育，获得了高等学位。这一事实毫无疑问地证明，在某种程度上，每个人身上都存在潜力，但实现这种潜力的可能性取决于外部环境，主要是社会和经济环境。诚然，高等教育并不是最重要的，也不能保证成功，但学位明显增加了激发个人潜力、融入上层社会、实现社会流动和经济成功的机会。

我不否认，社会经济地位低的人群所面临的障碍和困难的起点，使他们的成功概率较低；我也承认，不是所有的人都有同样的能力和天赋；但我强烈反对一些研究人员的断言，他们声称这是一种我们无法改变的宿命。有很多孩子有能力、有潜力，但他们没有机会去表达和实现，我们能否认这个现实吗？正如许多研究所证实的那样，人生的成功并不需要特殊的才能。成功者真正重要的品质是努力工作、愿意投入、克服失败和具备延迟满足的能力。[2]这些品质在贫困生活中成长起来的儿童和青少年身上已经表现出来了，甚至更为明显。但是，为了实现这些目标，首先必须给予他们消除人为的障碍和相信自己的机会。

在我的童年里，和伯格曼教授相遇的这段充满力量的经历以及他的善举对我产生的巨大影响，也间接地影响了我的弟弟妹妹。因此，我承担了传递伯格曼教授的信念并扩大他善举的影响力的重大责任。我特别希望在与我有着相似背景的儿童和青少年的生活中发挥同样的作用，而这种渴望促使我开始社会行动历程——以我的方式“修复世界”——于是我建立了奥法姆，一个促进以色列儿童和青年发展的组织。从多年与儿童和青少年一起工作的经验以及许多其他同行的经验中，我知道我们能够通过社会行动影响、改变和改善我们和他人的生活，即使只是微小的改变。社会行动，即使只是很少的一点，也能在很远的地方产生巨大的冲击和反响。

以色列的社会行动和参与存在着各种各样的动机，其中最主要的是集体责任、爱国认同、对社区的归属感以及回馈社会的愿望。因为参与者视自己为社会的一分子，将他们的成功归功于这个社会。此外，其他原因还包括对人生意义和对内在满足感的追求、生活环境的改变或改变生活的事件的激发、促进某些事情的愿望、社会或商业环境中的同伴压力、税收和商业定位等。[3]有时候给予的动机是矛盾的、多方面的。它可以同时来自压力或功利主义，也可以与利益无关。给予是一种承载着意义的社会行为，其结果超越了最初动机的边界。[4]无论给予和参与的原因是什么，所有出于真实和纯粹动机的给予和社会参与都应获得赞许。在许多情况下，对社会行动的被动支持也能最终导致积极的参与，有时它成为人们的一种生活方式并对许多人产生了积极的影响。一开始并不以此为目的而去做的事情，最后成了目的本身。

二、动机的力量

“捐钱和花钱都很容易。”亚里士多德说，“但是……在对的时间，以对的数量和目的，用对的方式，把钱给对的人——这不是每个人都能做到的，也不容易做到。”[5]以真实、纯洁而正确的动机参与社会行动是非常重要的。在以色列，许多优秀的社会企业家投入了他们的时间、精力和金钱，创建了令人惊叹的社会企业，我们很难想象没有他们的以色列社会会是什么样子。有一些社会倡议使以色列的社会面貌变得更好，它证明了人类善良、美好的一面。正如下面的例子所显示的，对所有人来说，大家都怀有强烈的个人承诺感和纯粹真实的动机。

兰·内尔（Ran Naor）是一个有着自己生活节奏的年轻人。这种节奏让他的家人和朋友都跟不上他的步伐。有时尽管他们没有跟随兰的步伐，只是惊奇地看着他，却越来越想要了解他。兰的节奏很快，偶尔他会放慢脚步，环顾四周，对生活和世界充满好奇，并提出一些本质性的问题。这时，他的朋友们知道，可以和他进行深入的对话，一直聊到深夜。在入伍之前，兰组织了一场有着丰富体验的旅行，和他的朋友们一起去了欧洲，而后又和父母、女朋友丹娜一起去了美国。

兰的一大爱好是开吉普车，他尤其喜欢和朋友们一起在沙滩上开。1995年6月12日，年仅19岁的兰离开部队，参加高考。考试结束后，兰开着他的吉普车在赫兹利亚的曼德琳海滩兜风。然而在驾驶过程中他遭遇了翻车事故，不幸身亡。兰去世后，他的指挥官这样描述他："兰，你是一个活泼的孩子。我看着你，看着你的俊美、正直，你的善良和快乐，我对自己说，你是一个多么好的孩子，你是社会的精英……我在你身上发现了许多并存的矛盾，如此复杂，我以前似乎并未在自己身上，乃至你的同龄人身上发现过。"

兰的父亲艾维（艾维诺姆·内尔，Avinoam Naor）是以色列最杰出的商人和慈善家之一，2014年荣获以色列终身成就奖和国家特别贡献奖。悲剧发生后，兰·内尔一家立刻决定建立一个非营利组织纪念兰，但一开始这个组织成立的目的仅限于悼念兰。而后，艾维开始全身心投入与交通事故的斗争中，并就这一议题进行深入的探索。他逐渐了解到，与其他国家特别是与在这方面进行了改革的国家相比，以色列在交通事故方面的情况十分严峻。这种认知促使他意识到他必须从感性和个人层面转向理性层面，要让与道路交通事故的抗争成为一场全国层面的运动。艾维决心投入他的时间、精力、经验和资源，动员政府对这一问题进行根本性的改革。1997年，他成立了奥尔雅罗克（Or Yarok）组织，宣布机构的目标是尽可能减少道路事故造成的伤亡人数，以及改变以色列的驾驶文化。

艾维认为，社会企业家精神的作用是提高大众对整个社会问题的认识，让企业家关注它，并借用国家力量来推动它。他说："一个国家可以建设基础设施，但不能改变公众的思维模式。"在他看来，第三部门的力量比政府的力量更大，特别是当公众为一项事业而被动员起来的时候。他认为，一名政府部长在推动该部门的事务时，通常他的平均任期不足两年，因此难以带来深刻的变革。加上由于某一部门的成就归功于主管该部门的部长，于是很多部长为了在任期内表现自己，就会改变甚至取消其前任的计划和决定，用自己的短期项目取而代之。部长在其任期内没有适当的时间去深入研究项目，而第三部门的项目正是在这一空白背景下开展的。非营利组织有能力策划深入的项目，作为试点去运行项目，并鼓励政府加入这些已被验证的成功的项目，成为超越部长或政府任期的看门人。

为了提高社会对于道路交通事故的认知，奥尔雅罗克组织决定发起“恺撒利亚道路安全会议”（Caesarea Road Safety Conference），每年举行一次。多年来，来自世界各国的总理、政府部长、社会工作者、记者和专家出席了会议。会议的目的是使国家认识到它对道路安全的责任，而不是把事故责任推给司机，并大幅度增加道路安全预算——投资于基础设施建设和公共教育深化，承担改变国家行为的责任。为此，该组织发表了一系列立场文件，阐明只有多学科、多年的国家计划才能对道路交通事故进行“根治”，并将伤亡人数减少一半。

对于很多人来说，这个目标似乎有些过了，甚至像是骗人的。但是，艾维和其组织决定引导政府采纳这个计划。事实上，在2003年，阿里克·沙龙（Arik Sharon）领导的以色列政府就决定采纳由雅科夫·谢宁博士（Dr. Yaakov Sheinin）领导、奥尔雅罗克支持的多年对抗全国道路交通事故项目。该项目的实施给以色列人的驾驶意识和驾驶文化带来了积极的影响，交通事故伤亡人数也有所减少。2003年，在该计划被接受之前，以色列交通事故造成445人死亡，2 416人重伤，而在2016年，以色列交通事故死亡人数为378人，重伤1 909人。[6]“我相信我的人生和整个职业生涯都是为了奥尔雅罗克。”艾维如此总结道。因此，一开始出于个人情感、为了纪念儿子兰而发起的倡议，变成了艾维一生的使命，也成为挽救了许多以色列人生命的国家计划。

“修复世界”的强烈愿望和道德社会责任感使得人们不需要资本或超人的努力就能把想法变成行动。美国第26任总统西奥多·罗斯福曾说过：“无论身处何境，倾你所有，尽你所能。”不论是通过向一个我们认可的组织贡献有限的时间和资源来支持我们生活的社区，还是决定奉献我们的努力、资源建立一个新的组织以提高大众的利益，拥有不同的能力的人都可以实现社会参与的行动。然而，做出建立一个新组织的决定并不简单，必须理解其中所需的付出和持续的努力，这将是一个漫长、困难、有时令人筋疲力尽的历程。这个独特的历程中包含许多不同的挑战，它跌宕起伏，可能历经辉煌，也可能跌落低谷。但是，在这段旅程中，真正的奉献创造了慈悲的联结和对他人的帮助。在这段旅程中，我们的每一步都收获了满足感和价值感，我们充满自豪，这是我们很难从商业成就中获得的感受。在某种程度上，这段旅程也定义了我们，成为我们自身的一部分，展现出人性至善的一面以及内在的美。除了强烈的满足感和意义感之外，这段旅程中还有一份特殊的荣光——遇到一路同行的人，以及从中产生的真切友谊。

在朱迪丝·里卡纳蒂（Judith Recanati）的童年时期，她已经为社会历程做好了准备。她在温暖的犹太裔以色列家庭中长大，并在童子军运动（Scout movement）中度过了大部分时间。她从父母，尤其是祖父那里继承了给予和帮助他人的价值观。她的祖父莱昂·耶胡达·里卡纳蒂（Leon Yehuda Recanati）是萨洛尼卡犹太社区的负责人，也是以色列西法迪克社区的一名活跃而充满活力的社会活动家。因她从小习得的价值观念，在结束以色列国防军（Israel Defence Forces，简称 IDF）的服役后，她选择去学习考古学。“因为我想加强我与我的历史和过去的联系。”她解释说。然而，赎罪日战争（Yom Kippur War）打断了她的计划，许多朋友和邻居遭受的身心伤害深深地影响了她，这成了她人生的一个重大的转折点。在战争期间，她的焦虑不安与日俱增，因为她的结婚对象当时正在预备役部队服役。

朱迪丝的父母在她33岁时去世了。因此，她决定学习针对成人的艺术疗法，专门治疗心理创伤患者。尽管童年生活富足，朱迪丝还是选择在特尔哈瑟默医院和贝特·莱文斯坦医院做着艰苦的工作。她说：“在那里我明白了，对于即使是经历了创伤与失去的人们，我们仍然有办法帮助他们重获新生。这是一种崭新的、充满意义的生活。”此外，朱迪丝还在巴依兰大学（Bar Ilan University）学习心理治疗。在那里，她遇到了她的专业导师，埃利·维塞尔大屠杀创后研究所（Elie Wiesel Holocaust Post Trauma Institute）的负责人约西·哈达尔博士（Dr. Yossi Hadar）。他给她留下了深刻的印象，与他的相处成为她的一次重要的经历。朱迪丝明白了她的使命是帮助创伤受害者，但她仍然不知道如何充分表达。

在赎罪日战争期间，哈达尔博士的部队在戈兰高地几乎被叙利亚人俘虏。他从那些患炮弹休克症的士兵眼里看到了战争的可怕。和他们一样，还有许多从战场回来的人精神状态不佳。在那些日子里，以色列社会不知道如何抑制这种创伤，受害者求助无门。哈达尔博士知道朱迪丝对创伤受害者怀有强烈的情感，而且她在治疗这些受害者时感受到了这项工作至高无上的重要性。1997年，他向她讲述了建立一个治疗恐怖主义、兵役和战争的创伤后受害者组织的梦想。朱迪丝热情地回应了哈达尔博士的想法。于是，他们开始筹备成立组织 NATAL——以色列恐怖和战争受害者创伤中心（Israel Trauma Center for Victims of Terror and War）——希望唤起公众的意识，使人们关注到以色列社会中存在许多创伤受害者，他们需要心理辅导和帮助。NATAL 于1998年6月正式成立。大约一个月后，约西·哈达尔博士被诊断患有白血病，于两周后去世。朱迪丝补充说：“我对哈达尔博士的遗愿怀有极大的认同感，它源于我对理念和需求的认同，并成为我生活的目标。”朱迪丝所说的人生目标即是提高人们的意识，并为遭受创伤出现应激障碍的人们提供解决方案，这一人群约为以色列人口的15%。

“是命运之手让我们之间产生了联结。NATAL 是根据约西·哈达尔的愿景和梦想建立起来的，然后他把权杖传给了我。他是一个高尚勇敢、富有远见的人。我把他的遗愿变成了产生影响力的现实。”朱迪丝总结道。得益于她从家庭中汲取的商业文化和组织管理技巧，朱迪丝已经把 NATAL 变成了在这个领域中世界领先的机构之一。机构将其积累的知识和经验分享给世界各地的各个组织。在以色列，NATAL 至今已经接待超过21万人，也是在全国层面上唯一关注创伤受害者的机构。的确，很难想象以色列这个经历过战争和恐怖袭击的国家没有 NATAL 会怎样。毫不夸张地说，成千上万的人把他们的精神健康归功于这个组织。

生活环境的变化和改变生活的事件，是促成社会参与的动机之一。一场不幸促使尤瓦尔·瓦格纳（Yuval Wagner）成立了以色列最重要的非营利组织之一。该组织旨在促进残疾人士无障碍设施的普及，帮助他们过上正常的生活。1987年3月18日，20岁的尤瓦尔·瓦格纳驾驶的160中队的眼镜蛇战斗机因技术故障坠毁。尤瓦尔奇迹般地幸存，却成了一个残疾人——肩膀以下瘫痪，需要永久使用轮椅。由于他的父亲就是一名以色列国防军退伍军人，同样需要轮椅，因此他非常了解残疾和无障碍的问题。这些知识同时助力于他的康复。尽管有残疾困扰，尤瓦尔仍然在军队服役，甚至在以色列空军获得中校军衔。在他坐轮椅的新生活中，尤瓦尔遇到了一个难以忍受的问题，他想去很多地方，而这些地方对他来说是无法到达的。他给当时以色列的总统艾泽尔·魏兹曼（Ezer Weizman）写了一封信抱怨说，他无法让他的孩子们接受爱国主义这一重要教育，因为以色列对残疾人来说太遥不可及了。总统在回信中建议尤瓦尔成立一个组织以促进以色列残疾人出行问题的解决。尤瓦尔接受了这一挑战，并成立了以色列出行组织（Access Israel）。该组织旨在促进普及无障碍化和社会融合，以改善以色列160万残疾人及其家庭的生活质量。

认为这一议题十分重要的绝对信念，以及自己生活的基本需要，促使尤瓦尔全身心地投入这项事业中。在他看来，政府本应承担起这一角色，但它没有这样做。“不采取任何行动并不是一项选择。”他说，“政府既没有知识，也不创新。而慈善事业的作用则是改变现实，改变方法，迫使整个体系发挥作用。”以色列出行组织经过多年的广泛活动，已使得以色列成为无障碍领域中的引领者和最先进的国家之一。2016年7月，以色列出行组织被授予联合国经济及社会理事会（UN Economic and Social Council，简称ECOSOC）特别顾问的身份，以表彰其作为该领域全球领导者的角色。该理事会是向联合国及其成员国就经济和社会政策领域提出建议的主要论坛的责任方。

尤瓦尔作为机构的负责人，勾勒了机构的愿景，发起创新工作，迎接挑战，并为机构带来新的能量。最近，他为机构设定了一个新的目标：让以色列成为一个科技发达的国家，成为数字服务、智能城市等相关的领域的世界领导者。尤瓦尔说："命运促使我创办了专注无障碍的机构。"尽管社会参与始于一个改变生活的事件，最终却成为"我的人生使命，成了一项有价值、有意义的工作"。

社会参与的动机源于有意识和无意识因素。有时只有在深入参与和事后意识中，我们才能明白从自己身上所获得的巨大能量的来源是什么，以及我们采取社会行动的真正动机是什么。我毫不怀疑，许多社会企业家童年时期所接受的家庭教育是其动机的核心组成部分，而最好的教育就是榜样的力量。贝特·伊西·沙皮拉（Beit Issie Shapiro）组织的创立就是这样一个例子。伊西·沙皮拉是一个来自约翰内斯堡的热心犹太人。伊西的一位好朋友育有一个先天复杂残疾的女儿。在那个年代，社会对这些孩子的态度是否定、疏远的。沙皮拉十分理解好友的痛苦，并开始了解这类家庭。一路上，他遇到了许多存在类似问题的人，但都没有解决办法。他发现，这类家庭都以自己的方式处理这个问题，于是他决定采取行动。在他的女儿娜奥米（Naomi）11岁时，他在约翰内斯堡郊区肯辛顿专门为有智力障碍的儿童和成人建立了一所名为塞尔温·西格尔旅馆的寄宿学校。

这一行为深植于娜奥米·沙皮拉（后来的司徒辛娜）心中。几十年后，她因父亲的影响，创立了贝特·伊西·沙皮拉组织，致力于改变残疾人及其家庭的生活质量。该机构记录了36年来所进行的社会变革以及对以色列及国外每年约3万人的生活所产生的影响。贝特·伊西·沙皮拉组织已成为所有有关残疾儿童及其家庭的治疗、融入和改善方面的先锋。2012年7月，它被公认为通过发展创新疗法以改善残疾人生活质量方面的世界引领者，并与以色列出行组织一样获得了联合国经济及社会理事会特别顾问的地位。除这些组织外，还有14个以色列组织也获得了这一殊荣。

“我有幸在这样的一个家庭长大——给予和帮助他人是生活的一部分。”娜奥米说，“我从小所接受的教育告诉我，要为弱者和穷人争取权利，并相信自己有能力引起变革。给予的意识在我很小的时候就开始成形。”因此，伊西的社会行为对女儿的影响在娜奥米很小的时候就已经显现出来了。从她父亲对他朋友痛苦的关心开始，娜奥米便奠定了建立世界上最独特的机构之一的基础。我们介绍的所有社会企业家动机里的共性就是他们完全的内在承诺感。对于艾维来说，他最初的动机是想和造成他儿子兰不必要死亡的因素做斗争，这成为他一生的使命，而这个使命后来变成了一个国家的使命，最后拯救了很多以色列人的生命。对朱迪丝·里卡纳蒂而言，她从祖父利昂那里汲取的社会价值观与约西·哈达尔博士的遗愿相符，后者成了她的人生使命。对尤瓦尔·瓦格纳而言，一场不幸的事故促使他一生致力于以色列残疾人无障碍设施的建设，并改善了成千上万残疾人的生活。对娜奥米·沙皮拉而言，她从小接受的给予教育以及她有能力创造改变的信念，使她的人生完全为弱者和穷人服务。

正如我已提到的，对我来说，与伯格曼教授的一次偶然相遇促成了我投身这一事业。在美国的13年里，我从未停止对这次邂逅及其影响的思考。通过促成关键经历，我们有能力为来自与我有相似的背景和成长环境的儿童和青少年的生活创造一个重要且积极的开端。我为此苦苦思索，并产生了强烈的责任感。多年来，这种感觉从未离开过我。这种使命感促成了奥法姆的建立。回顾过去，可以说，在1974年我与伯格曼教授第一次会面的时候，就播下了建立这个组织的种子。而在大约30年后，种子发芽了。

三、以色列的社会参与

公众积极主动参与对他们很重要的社会问题是第三部门发展的一个重要组成部分，也是衡量民主社会强弱的标准之一。在以色列，社会参与的程度通常与国家或个人所处的危机时期以及对社会、经济或政治变革的渴望有关。在战争时期，人民的志愿精神高涨，休戚与共的命运弥合了分裂、强化了社会团结。无论是在危机时期还是在日常生活中，社会行动和社会企业家都以同样的精神和强度运作。我们需要记住，社会参与是一种生活方式，并不是特定的或特殊的人的领域。每个人都可以根据自己的能力提供服务、做出贡献，这些举措能激发一个人善良的一面。社会参与使我们成为更有责任感和爱心的公民，并将我们与同胞和土地联结在一起。正如我上面提到的，对他人需求的关注和考虑为我们理解什么是真正重要的事情提供了一个视角，并让我们的生活充满意义。同时，动员公众、企业和组织发起社会活动、支持社会倡议，是一个温暖的、团结的、健康的社会的特征之一。

在和别人谈论社会参与的时候，我经常听到这样的借口："此刻我正忙着充实自己，我没空。"或者"等我做完……就有时间参与社会活动了。"我们的圣人说过："不要说'我有时间了就学习'，因为你可能永远没有时间。"[7]任何体会过社会参与的乐趣、满足感和巨大意义的人都无法理解，在以色列社会中还有很多人未参与其中。他们不参与，主要源于各种各样的障碍。首先，研究表明，有关给予和社会参与的教育能增加给予和社会参与的程度，但在以色列，没有固定的教育传统来鼓励给予和社会参与，因此很少有人接受此类教育。此外，小部分组织的腐败行为被曝光以及一些非营利组织领导人薪酬被夸大的新闻标题在广大公众和潜在捐赠人中造成了负面影响，使得许多有心人远离慈善事业和社会行动。[8]

公众对富人，尤其是对那些在以色列经商致富的人抱有的敌对情绪，也导致社会捐赠被大部分公众视为富人利己主义行为的特权。这种消极的印象对参与社会行动和捐赠给予的绝大多数人而言非常不公正，并使许多人不敢进入这一领域。此外，在以色列建国的头几十年里，它是以一个具有社会主义特征的福利国家而运作的。这就是为什么许多人仍然期望国家照顾自己所有的需求，因此看不到国民的社会参与空间。另一方面，在最近几十年里，以色列已经形成崇尚个人主义和个人自我实现的社会，并特别强调物质价值。在当代文化中，“优先考虑外在性、即时性、可视性、浅显性和临时性——真实的东西因为表象而不被接受”。[9]然而，一部分有决心、有爱心的人正在以色列开展大量的社会行动，他们无法对巨大的社会差距无动于衷。自1981年以色列非营利组织法案（Non-profit Organization Act）通过并生效以来，已经有超过52 000个组织依法注册，其中大约40 000个在以色列公司管理局（Israeli Corporations Authority）下注册。[10]截至2013年，大约32%的组织不复存在或关闭。[11]在已注册的组织中，仅有约15 000个组织在继续运作，[12]其中包括公共机构，如医院、健康诊所、高等教育机构等。所有这些组织都是根据《阿穆托特（非营利组织）法》(The Amutot [Non-Profit Organizations] Law, 5740-1980)运作，并由非营利组织管理方(Registrar of Non-Profit Organizations）监督。《阿穆托特法》是为所有希望以公司形式注册的非营利组织制定的一套标准和行为准则。在实践中，尽管《阿穆托特法》于1980年实施，但在近10年的时间里，它的应用十分有限。许多非营利组织不按《阿穆托特法》的要求召开会议，也没有按照一致、有序的要求提交相关文件，因此法律缺乏有效性和实质性。事实上，到1995年，注册的非营利组织可以在没有任何控制机制和监督的情况下获得大量资金。绝大多数的非营利组织在各个领域都开展神圣的工作，但少数组织的腐败行为被媒体广泛传播，为行业招致恶名。

自1995年以来，非营利组织在世界范围内逐步发生变革。为更好地监督管理非营利组织，《阿穆托特法》也不断迭代更新。如今，政府对非营利组织的控制和监督更加严格，只有那些遵守非营利组织相关法律法规的组织才能得到“管理合规”（proper management）的批复。此外，根据第46条（相当于美国的501C（3）条），想要接受公众捐赠的机构需要获得所得税机关的认可，也受到所得税机关更严密的监督。这是因为获得非营利组织管理方核准的“管理合规”是让所得税机关认可可以进行公募的一个条件。类似例子还有，比如理事会需根据非营利组织注册管理指引满足对最低限度的理事会成员人数的不同要求，而不是根据第46条所得税核准的要求。对于想筹款，特别是从企业或公众募集资金的组织，获得所得税机关承认是必不可少的条件。除了捐款本身能获得的褒奖之外，对绝大多数捐赠人来说，由所得税机关根据第46条对一个组织的评估认可，意味着这个组织获得了一张最基本的“合法证书”（Kosher Certificate）。这就是为什么只有不到12%的注册机构被税务机关认定为公募机构。

2014年，以色列的慈善事业占GDP的比重为0.87%，而美国为2%。在以色列和美国，非营利组织的主要慈善事业都在福利、教育、研究和宗教领域。同时，以色列的善款主要集中在非营利组织的福利领域，占比为39%，而美国为13%。美国的善款主要集中在宗教领域，占比33%，而以色列为15%。

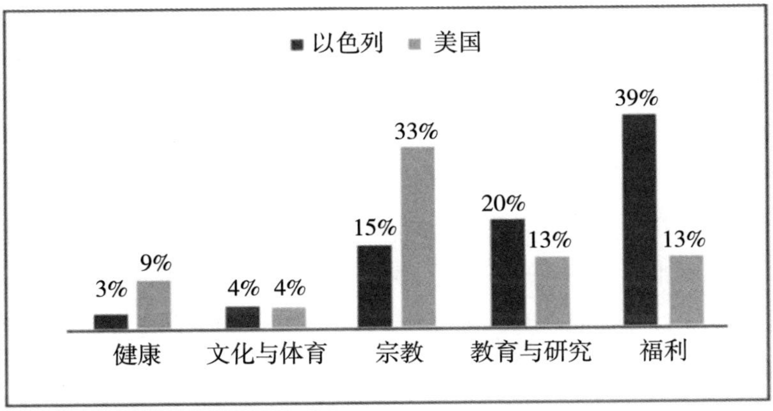

图8　以色列慈善与美国慈善对比（2009—2011）

来源：中央统计局[13]

在以色列，有成千上万的非营利组织在各个领域开展活动。与其他组织一样，非营利组织在其多年的活动中也会遇到困难和危机。衡量企业和其他营利组织成功与否的主要指标是利润指数，而非营利组织成功与否在于他们的员工的动机和认可度。一个有激情的领导层，将组织的目标视为其使命，这对组织成功实现其目标至关重要，在组织的关键阶段——头两年或三年尤为如此。因此，一个成为组织精神和支柱的领导班子，必须能够明确并认可组织目标，不遗余力地发起、推动和促进组织目标的实现。在大多数情况下，领导层的投入度和信念的力量会传递给本组织的其他成员、目标群体、捐赠人和支持者。当这些人举起一面象征着承诺和诚信、奉献和正直的旗帜时，其他人都聚集在旗帜下，他们是组织的“附加灵魂”。当非营利组织拥有“附加灵魂”时，其生存和实现目标的成功概率会显著提高。

四、奥法姆——开始

通过对我和伯格曼教授相遇的经历进行深入分析和观察，我明白了，孩子成长的环境——家庭、朋友、学校、居民区等——会塑造他的生活，也在很大程度上决定了他未来的边界。有限的环境会给孩子的体验和经历注入挫败感，可能会在孩子的头脑中制造主观的人为障碍，严重限制他的希望、抱负和梦想。这些障碍是在缺乏自信、自我价值和自我效能感等深层情感的背景下产生的，与孩子的实际潜能无关。随着孩子年龄的增长，这些障碍在他的思想和性格中变得越来越稳固，改变的可能性也越来越小。因此，许多人在生活中充满无力感，错过了他们巨大的潜力得以发挥的机会。在这种背景下，建立信任、尊重和相互尊重是赋予儿童力量的第一步。相信孩子和他的能力并创造成功的经验，可以加强孩子对自己和他们的能力的基本信念。每一次成功产生的积极体验，能增强孩子的自信心和能力，从而增强他对自己能力的信心。在这个过程的某个时刻，存在着一个阿基米德点（Archimedean point），孩子的匮乏感变成了力量和对更多成功的迫切渴望，经历过阿基米德点的孩子实现他全部潜能的可能性特别高。

根据我的个人经历和与伯格曼教授的会面，我很清楚地知道，我将在教育领域实践自己“修复世界”的理念，而且必须与儿童相关。在美国待了13年后，这个想法开始成形，我着手准备行动。首先，我必须研究当地的现状：这个领域有没有非营利组织在运作？如果有，主要的组织是哪些？谁在给他们提供支持？他们的模式是怎样的？每个机构有什么独特之处？他们面临的主要挑战是什么？他们产生了什么样的影响？

随着研究的深入，我发现有成百上千的机构致力于教育问题。和大多数以色列人一样，我也对以色列正在进行的社会活动知之甚少。我对这项工作的强度以及存在如此多善意的人和组织感到非常惊讶。在我参加的会议中，我认识了一些善良、慷慨、有魅力的人，他们都致力于自己内心深处的想法。此外，他们夜以继日地促进它的实现。他们大多数都很低调，他们远离聚光灯，努力工作，使我们生活的地方更公正、更美好。毫无疑问，这些人是一个充满活力的第三部门的人力资本和驱动力，推动和促进众多公众的福祉，是构成国家－社会复原力（national-social resilience）的一个重要因素。民族诗人查伊姆·纳赫曼·比亚利克（Chaim Nachman Bialik）在他的诗《耶希·海尔基·伊玛赫姆》（*Yehi Helki Imachem*）中这样描述这些人：“你内在的精神就像一颗珍珠，藏在海底；你的能力就像森林里的浆果，躲藏在树荫里。”[14]

为了更好地了解一般组织和非营利组织之间的联系，了解以色列多数非营利组织面临的主要问题，我参加了以色列国会教育委员会（Knesset Education Committee）关于教育组织的讨论。在结束讨论时，我提出了一些见解和一长串以色列主要的教育组织的名单。当我标记出他们的地理位置时，我惊奇地发现，绝大多数的教育机构在大型城市或发展中的城镇运作，而小型及偏远社区缺乏非营利组织的情况显得尤为突出。发展中的城镇周围有许多地方议会，其中包括大量偏远的莫沙夫

（moshavs，小型村庄合作社），但实际上，没有一个非营利组织到这些地方落脚。例如，许多非营利组织都在内提沃特和奥法基姆这两个分别居住着2万多名居民的城市运作。许多莫沙夫分散在这些城市周围的几个区域委员会中，如在斯多特内盖夫和梅尔哈文，共有约2万名居民居住在32个偏远的小社区中；每个区域委员会包含16个莫沙夫。[15]这些小型社区几乎没有引起营利性组织的注意。由于它们处于偏远地区，且每个年龄段儿童数量有限，因此，在这里开展项目需要复杂的后勤系统和昂贵的运营成本。这一现实导致非营利组织和协会在这些地方从事教育活动缺乏成本上的可行性。非营利组织更愿意在大城市和发展中城镇的贫困社区开展活动，因为在那些地方，能够参加活动的儿童人数特别多，这就降低了每个儿童参加活动的成本，使得活动成本看上去十分合理。例如，在一个有10到15个某一年龄段孩子的小型偏远莫沙夫，进行一次移动电脑活动的成本远高于在有着大概40个孩子的大型城市或者发展中城镇进行同样活动的成本。此外，在城市或发展中城镇招募老师及相应的交通运输成本也比在小型偏远社区更容易、更便宜。因此，极高的运营成本导致几乎所有的非营利组织都选择在成本上更可行的地方开展项目，因此放弃了小型偏远社区。

中央统计局根据人口和社会经济水平划分以色列的地理单位——城市、地方委员会或区域委员会。社会经济指数是各国政府在制定向地方当局分配不同资源的政策时使用的一个重要工具。以色列的地理单位被分成十个集群。在集群1中，所有地理单元的人口都是最弱势的，在集群10中，所有地理单元的人口都是最占优势的。社会经济水平表明了人口的基本特征在同一地理单位内的整体情况。在一些极端情况下，我们可以直观地感受“社会经济水平”这个词语：一端是穷人，另一端是富人。例如，在2013年，只有两个城市被列为社会经济集群10：萨维翁和科法什马里亚胡。尽管经济收入是核心指标，却不是决定其社会经济集群的唯一因素。其他方面因素还包括：

- 居民的经济来源（来自工作、津贴和其他）
- 住房——密度、质量和其他组成部分
- 公寓设备——如空调、个人电脑等
- 机动化水平（车辆）——包括数量和质量
- 教育水平
- 就业和失业的特点
- 各种各样的社会经济困境[16]

位于社会经济集群5及以下的社区被认为是经济较弱的社区。社会经济水平很好地反映了以色列的社会问题和优先事项。例如，对社会经济最低级（第1级）社区名单的审查表明，这些社区大多数是阿拉伯人，少数是哈瑞迪（犹太教极端正统派）。事实上，排名最低的50个社区中有45个是阿拉伯人社区，5个为哈瑞迪社区。根据中央统计局2013年的数据，拥有90万居民的耶路撒冷被归入集群3。这些结果进一步证明了以色列社会经济差距与宗教和种族背景之间现有的关联[17]是以色列社会贫穷的标志，是国家资源分配不平等和历届以色列政府对此忽视的结果。此外，位于中央地区的大多数大城市——赫兹利亚、卡法萨巴、佩塔提克瓦、利尚利锡安、雷霍沃特和拉安那——均处于较高的社会经济集群7和8，也反映了偏远地区与中心地区之间的差距在日益扩大。特拉维夫地区，除了耶胡达和贝内贝拉克之外，均处于最低的集群1~5的区间，政策支持的缺席尤为显著。总体而言，约63% 的中心地区属于中高层社会经济集群 6~10的区间。[18]

中央统计局不公布根据莫沙夫情况对各地方委员会社会经济的排名，因为大多数莫沙夫人口太少，无法做出可靠的估计：有50% 的莫沙夫居民不足500人，约93% 的莫沙夫居民不足1 000人。另一方面，中央统计局在地方指数的基础上，公布了地方委员会的分布指数。根据中央统计局的数据，南部地区的大多数地方委员会都属于5~7的社会经济集群。海法地区和北部地区的大多数区域委员会都属于4~7的社会经济集群。3个区域委员会属于较低的社会经济集群1~3。朱迪亚和撒玛利亚地区的所有区域委员会都属于社会经济集群3~7。[19]

需要注意的是，有时区域委员会的社会经济集群排名具有误导性，它并不能准确地体现该区域委员会下辖所有地区的真实情况。有时排名会以一个区域委员会下面较高的社会经济集群代表其他较低的地区，差异性并未得到体现。例如，内盖夫的贝内什蒙区域委员会合并了13个居民点——8个集体农场、1个社区居民点（吉奥巴）和4个莫沙夫（布拉什、蒂德哈、它舒尔和内瓦提姆）。该地集体农场被划分至集群6，这也是该区域委员会的总体排名，但毫无疑问，四个莫沙夫的社会经济水平大大低于其他居民点。因此，我发现由于偏远居民点的人口较少、后勤成本高，导致其被国家当局和教育类非营利组织忽视。因此，在我看来，这些偏远小社区的儿童和青少年似乎是我“修复世界”的行动中最合适的目标人群。我知道，如果我们能够成功地解决阻碍大多数组织在这些社区开展项目的后勤问题，这将是一件意义深远的事情。接下来的一个“小”问题则是如何找到这样一个可行的解决方案。

2003年年初，我去贝尔舍瓦看望父母时，听到了本－古里安大学教授阿维沙伊·布雷弗曼（Avishai Braverman）的一次采访。这次采访是为了纪念以色列的“数字鸿沟”周（“Digital Gap” Week）而举行的。人们会在这一周里讨论造成人群中产生信息技术使用鸿沟的原因以及弥合这一鸿沟的方法。数字鸿沟是指不同国家之间以及国家内部不同地区的人口之间在采用信息技术方面的差距。[20]对社会公正和适应力的关注是促使世界各国努力缩小数字鸿沟的因素之一。研究发现，数字鸿沟并不是随机出现的。事实上，它还与其他相关的社会差距相关联，如住房、教育、就业和收入——这一现象被称为“多重歧视”（multiple discrimination）。[21]在采访中，采访者问布雷弗曼教授本－古里安大学正在做什么来减少数字鸿沟。布雷弗曼教授自豪地说道，在他的领导下，该校最近刚刚投资约300万美元，为当地儿童和青少年建立了计算机实验室。

布雷弗曼教授的发言让偏远小社区儿童和青少年的问题变得清晰。当时我的脑海里冒出一个问题：怎样能够让住在距离贝尔舍瓦20~30分钟车程的偏远的小型弱势社区的孩子受益于本－古里安大学的实验室？一个处于较低社会经济水平的大家庭，住在一个遥远的小村庄，整日为生计奔波，当他们听到实验室的消息的时候，会拿出一部分时间和资源接送孩子去实验室吗？这似乎是一种天真的想法。最好的情况是，计算机实验室能服务贝尔舍瓦一小部分的贫困儿童，但是实际上更可能会服务于家庭背景好的孩子，因为他们具备必要的资源，且父母也具有这方面的意识。因此，在布雷弗曼教授接受采访后的几周里，我一直在考虑建立一个计算机实验室，与本－古里安大学那个类似，给我的目标人群——偏远且贫困的小社区里的儿童和青少年使用。我个人的技术背景和对教育尤其是技术教育的理解，让我发现这是缩小社会和经济差距最好、最快的方法，这也促使我去寻找自己想要的解决方案。

由于成本高、缺乏经济可行性，在每一个偏远的小地方建立一个技术实验室哪怕在理论上都是不可能的。那么如何在这些社区为儿童和青少年提供新技术实验室呢？一段时间之后，我忽然意识到如果不能把边缘地区的孩子带到国家中心的实验室，也许可以反过来，把实验室带到边缘地区的孩子那里。这个意识引发了我考虑建立移动实验室以到达每一个地区的想法。一个移动实验室可以在一个社区给18~20个孩子上一节课，然后进入另一个社区，给另外18~20个孩子上一节课，以此类推。与邻居朋友们一起在自己熟悉的后院接受技术教育，能让孩子们更容易、更愉快地参与进来。此外，实验室的移动性还将创建一个大型的虚拟社区，该社区将由分散的地方小社区集合组成。经过仔细计算，一个流动实验室每天可以为18~20名参与者提供3~4节技术课程。它每周可以让270~400名来自偏远地区的儿童接触到丰富的技术课程。我越想越兴奋，周围朋友们的热情反应和支持、鼓励让我进一步思索这个想法。有一天，我决定去内盖夫的几个地区委员会听取当地居民关于非正式教育的问题，并就我们的新想法搜集反馈。第一个好的迹象是我受到了热烈的欢迎，尽管我感到他们不太相信来自“中心”的人会毫无私欲地帮助他们。令我高兴的是，这种不信任很快就消散了。在与各区域委员会主席以及教育和福利部主任的会议上，我证实了我的假设，即在各区域委员会及其社区内十分缺乏丰富充实的活动。此外，人们对移动技术实验室的想法反响热烈。在麦查文区域委员会，我遇到了当时的教育部部长什洛莫·谢拉菲（Shlomo Sharafi），他是一个既严肃又热情、充满善意的人。我们须臾间便产生了化学反应。过去，他是贝尔舍瓦一所小学的校长，他还认识我就读的那所小学的校长。当我告诉他我自己的情况以及我想为像我这样背景的孩子们采取行动时，他变得很兴奋，对移动实验室的想法充满热情。他当场决定加入这一行动，并承诺在他的权力范围内尽一切努力帮助我们在他的区域委员会中促成这一想法的实现。什洛莫把我介绍给委员会主席，主席也给予了他的祝福和热情的支持。因此，我觉得移动实验室的理想“试点”是麦查文区域委员会。

我和我的朋友们决定为此成立一个非营利组织。那么首先我们必须给它取一个名字。我认为这个名字应该象征其活动的本质。我首先在《圣经》中寻找答案。当我读到《以西结书》（1：20）的一节：“灵往哪里去，活物就往哪里去；轮子（ofanim）在活物旁边上升，因为活物的灵在轮中。”我觉得它包含了组织的主要理念——它带来了一种新的精神，这在这一节的最后一句话中表现了出来——“ofanim”（奥法姆）。这个词有三个不同的定义，它们都描述了组织活动的本质：

1. 轮子：象征着移动实验室；

2. 形式、方法、方式：这象征着本组织将提供的各种技术型的充实活动；

3. 天使：在犹太传统中，这是天使的昵称之一，是上帝的使者。

从某种意义上说，伯格曼教授是我的天使和信使。所以，组织中的辅导员也可以成为社区里那些孩子们的天使。

因此，在2003年12月，我和一群好朋友提交了一份成立名为奥法姆的非营利组织的申请，以促进以色列儿童和青少年的发展。该组织确定了一项目标，旨在为以色列边远社区的儿童和青少年赋能，由充满动力并且深刻理解社会使命的优秀学生作为辅导员，通过移动实验室为儿童和青少年带来科学、技术和数学等丰富的课程。毫无疑问，我的好朋友们都参与了这个组织的筹建工作，许多朋友为这个想法而“疯狂”。如果没有他们的鼓励、敦促和支持，我不知道奥法姆还能否成立。直到今天，他们仍然是这个组织的支柱。小组中每个人的认同感、归属感和意义感让我们这个团队创造出自己的工作模式，从而更好地推动组织目标的实现。此外，一些合作活动使我们更紧密地联系在一起，增进了友谊，带来了更多意义，让我们觉得我们的伙伴关系比我们自身更有意义。

为了增加机构成功的机会，我们需要对此理念深信不疑的人们接纳、推动、推广它。每一个创立组织或者参与其中的企业家的个人经验都会为组织增加可靠性，这能让组织更容易地获得外界的认可。此外，连贯、明确且清楚地表达组织的使命和远见的能力是非常重要的。确定组织的愿景是管理人员应对当前和未来组织环境的复杂性和不确定性的主要手段。

愿景是一个有规划的隐喻，它界定了组织努力前进的方向，强调了作为组织指路明灯的价值观。愿景以外的则是组织的道德价值观念。使命则确定了组织存在的正式理由以及为确保其长期存在而将采取的主要行动。另一方面，愿景理应定义组织的工作方式，它与使命的不同之处在于，它定义了指引共同身份和目标的价值体系，且形成了组织认定的目标，而使命则带来了具体的任务和活动。然而，尽管十分复杂，我们仍然有必要明确创建愿景的几个结构性阶段，并贯彻在组织的日常活动中。[22]对愿景和使命清晰而简单的定义有助于我们专注于我们试图解决的问题，即通过传达信息争取更多为此“疯狂”的人支持这个想法。在组织的早期阶段对此进行认真、精确的准备，可以在今后的道路上避免许多障碍。如果有强烈的意愿想立即开展行动举措，却没有一个明确的构想，也没有对这个领域进行专业的彻底的评估，就会导致许多困难，甚至危及这个构想的顺利执行。因此，在这种情况下，我们要注意不让理性成为欲望的奴隶。在最初阶段，详细研究这个问题是必要的。我们必须十分耐心地以专业的态度研究问题，评估该领域的需要，并准确地定义问题。对问题的理解并掌握相关的知识是在招募支持者的过程中体现我们自身可信度和专业度的必要条件。此外，熟悉同一领域中所有的主要组织，并了解每个组织项目模式的独特性以及它们所面临的挑战，也非常重要。这能帮助其他机构更清楚地了解组织的信息和理念的独特性，获得更多认同该理念的伙伴和支持者。

我们需要以谦卑的姿态去触及相关问题。在一定的时间内，循序渐进才能带来真正的改变。例如，如果一个组织的想法是缩小教育方面的社会差距，那么它就应该聚焦于某一地区或社会群体。如果不加限制，就好像这个组织想要缩小整个社会的教育差距，那就太过雄心勃勃，更不用说狂妄自大了。当然，“修复世界”背后的理想都需要不断地改善。然而，每一个改变，不管它有多大，都必须始于细微之处。在定义了问题并调研了该领域真正的需求之后，需要将目标受众和环境与我们的目标联系起来。许多社会倡议从一开始就失败了，因为他们未能留意目标受众的真正需要。只有与目标社区建立真正的伙伴关系才能带来改善，在教育机构中尤其如此：家长、教师、学校校长和地方政府领导人比任何其他人都更了解社区的需求和细节。如果一个行动计划与当地环境脱节，或不和社区合作，没有让当地人深入参与其中，那么它注定失败。这就是为什么奥法姆学习项目组建了由组织内部的专业人士、教师、校长和项目所在社区的家长组成的联合小组。这种方法建立了信任、伙伴关系和积极的气氛，我们收获的远远超过我们所给予的。多年来，奥法姆丰富了偏远地区数千名儿童的生活，让他们接触科学、技术和数学，并为他们创造了许多积极的关键经历。来自以色列和美国的商界人士与机构建立了真正的伙伴关系，为这个项目提供资金和支持。对我和我的朋友来说，我们不可能对巨大的社会差距视而不见，继续生活在真空中。不过，我们并不天真。我们明白，当涉及社会行动时，我们显然无法改变整个世界，但如果我们成功地改变了哪怕一个孩子的世界，这也是我们的付出所带来的巨大回报。正如我们的圣人所言："任何拯救了一个生命的人，就好似拯救了整个世界。"[23]

第四章　建立理事会

领导力即描述愿景并驱动其他人去加以实现的能力。

——杰克·韦尔奇（Jack Welch）

一、如何选择理事会成员

许多有关美国大公司之间以及董事会成员之间密切关系的调研发现，这些大公司之间相互交织，可以被视为一个企业社群。公司的股东们——富有的家族、银行家、会计师和律师们——为这个企业社群的凝聚力做出了贡献。许多大公司为影响他们所期望的政策建立了社会组织和非营利组织。进一步的研究表明，公司董事会成员与隶属于这些公司的社会组织的董事会成员之间存在着一致性。由企业社群和其附属非营利组织网络构成的组织为高层领导小组奠定了制度基础建设，从而维护了企业社群成员的利益共同点。这个封闭群体中的成员通常持有公司股份、为组织提供财政支持或在企业社群控制下的公司或非营利组织的理事会担任重要职位。[1]从这个意义上说，组织基于共同的利益和保持企业社群的凝聚力、相似性的需要，来选择附属非营利组织的理事会成员。

关于以色列这一领域的研究材料很少，因此很难确定以色列的情况是否与美国相似。我们有理由假设，随着以色列慈善领域的发展与成熟，类似的现象也会出现。今天，我们已经看到以色列一些最大型的企业出现了自私自利的“慈善”行为。例如，众所周知，市场上一些领头的上市公司的“福利”部门从员工那里收取“捐款”（费用），并将其捐给医院等公共机构。作为“捐赠”的回报，“捐赠”公司的员工可以在这些公共机构获得特殊的“福利”服务，例如缩短他们的排队时间等。这些现象从根本上就是不可接受的。他们污染了以色列的公共氛围，玷污了慈善事业的名声。

也有一些人想在某些机构的理事会任职，因为他们的阶级地位在一定程度上取决于他们所在的理事会的声望。这些人的利益诉求是让理事会成为精英的专属领地，以稳固他们的地位。[2]在这一章，我们的目的是探讨符合“慈善与志愿精神”的非营利组织如何设立理事会，尤其是在那些动机纯粹、在社会参与框架下建立的年轻组织，而不是那些“企业社群”组织或精英阶层群体。

与初创企业一样，许多社会组织也会在短时间内面临失败和倒闭，这并不是因为它们背后的理念出了问题，而是因为它们在一开始就犯了错误——由于缺乏经验而犯的错误。尽管有行动的强烈愿望，但是为了提高成功率，人们应该仔细规划、清晰思考建立一个非营利组织的每一个步骤。这些重要步骤构成了组织的基础结构，周密的规划可以防止资源和精力的浪费。这些工作在组织开端时期就十分重要。

组织管理由组织的各个部门完成。每个非营利组织必须至少设立三个部门：大会（the general assembly）、理事会（board of directors）和审计委员会（audit committee）。营业收入超过100万新谢克尔的组织（确切的数额每年都在更新）还有另一项义务，即任命一名会计来审计本组织的财务报告。根据《阿穆托特法》第4章第19a节，“每一个非营利组织都应有一个大会、一个审计委员会，并可根据组织章程增设部门”。[3]在组织的各个部门中，理事会是最重要的部分。它负责管理组织的事务，并拥有《阿穆托特法》或大会章程中未提及的或该组织的其他部门所没有的权力。除非组织章程另有规定，一般由大会选举理事会成员。要注意的是，选择正确的、合适的理事会成员是组织获得成功的最重要的条件之一。急于组建，匆忙而不加深思地决定管理层的成员，可能会导致今后在选择恰当人选方面做出妥协，并带来重重障碍和困难。此外，法律明确了理事会的角色。例如，《阿穆托特法》第25条规定，理事会负责管理组织事务，它拥有法律或机构章程中未明确的任何权限。在实践中，理事会的职责远远不只是组织的管理，而是要负责优先确定组织的价值观、精神和文化。

近年来，商界的高级管理人员和专业人士跨界参与非营利组织的理事会，这一现象颇受欢迎。这些人把他们的经验、知识和先进的管理方法，以及可以促进非营利组织获得更多的合作和支持的重要关系带到了慈善领域。这种转变有可能提高非营利组织的管理实践以及效率。与此同时，我们需要记住，商业领域和非营利组织领域之间存在着显著的差异。因此，这一转变同时也伴随着跨界人士对非营利组织的组织结构和法律结构缺乏了解，对不断变化的规章制度同第三部门、政府和商业领域之间的复杂关系等并不熟悉。[4]

社会行动首先基于社会团结和相互责任的价值观念，因此非营利组织必须把伦理视为其管理过程中极为重要的部分，并按此行事。道德的领导力的成功与否是由其应对挑战的能力来衡量的，这些挑战包括职能方面的最佳整合以及组织目标和伦理方面的实现。实现组织的目标很重要，但同样重要的是，理事会成员须确保通向实现这些目标的道路是合乎伦理道德的。理事会成员必须在其活动的所有领域履行道德义务。《阿穆托特法》还规定，理事会的每一位成员都负有受托责任，即完全为组织的利益而行动。这意味着，他不能为了他个人或伙伴们的利益，而只能为组织的利益而行动。理事会成员必须考虑到组织利益最大化，避免自己的其他领域事务与组织事务之间出现任何利益冲突。如果发生这样的冲突，他必须履行合规披露的义务，并以完全透明的方式报告冲突。[5]理事会成员承担义务是最基本也是最重要的。

理事会最重要的作用之一是确保负责、周到、透明地管理本组织的资源。非营利组织的运作来自善款捐赠，也就是“用别人的钱”，因此有义务进行符合道德的、透明的管理。不恰当、不明智和不顾后果地使用本组织的资源，实际上等同于滥用理事会成员的身份和捐赠者的信任。对财务问题没有做出严格要求的非营利组织意味着滥用职权，失去了其赖以运作的道德基础。组织的基因始于理事长或首席执行官树立的个人榜样，这些个人榜样决定了公司的行为准则，尤其是财务行为。理事长或首席执行官如有过度支出及不合理的支出，则是忽略了自身的道德义务的行为，他们应该就浪费或渎职行为向理事会成员或组织中的其他成员做出赔偿。过高薪酬、与利益相关方的关联交易、收取高额酬劳出席会议、某些组织未经核查和审计就进行不合理的报销等，这些都是以色列非营利组织招致恶名的主要原因。就立法机关而言，只要非营利组织履行了合规管理的基本要求，这个组织就是“好”的。[6]一些理事会不负责任的财务管理也反映在国家机构的奇怪要求上，这些要求是建立在对非营利组织完全缺乏信任的基础上的。例如，非营利组织注册管理局对奥法姆进行审计时，要求奥法姆提供最近几年从组织的银行账户向员工账户转账的工资清单。当奥法姆的首席执行官问非营利组织注册管理局为什么需要这些时，对方回答说：“我们经常发现某些组织以稍微不同的名字向相同的雇员或虚构的雇员重复转账。”监察各个组织很有必要，但是，如果一个组织缺乏基本、明确、审慎和透明的行为准则，那么外部监察、颁布新的法律或加强现有法律等措施都不会改变局势，当然也无法纠正公众对非营利组织的消极印象。

出于以上及其他原因，组织的大会必须选举出审计委员会或独立的审计方。独立的审计方可以是会计师，也可以是非营利组织注册管理局认可的其他实体。这是合规管理的最重要的要求之一。根据合规管理的规则，审计委员会必须至少有两名成员。一个审计实体可以是一个人——一个会计，也可以是非营利组织注册管理局认可的一个实体单位。大多数初创的非营利组织为节省审计费用，一般从组织成员中任命审计委员会成员。有一些非营利组织将审计委员会视为法律的约束。在我参加过的一些非营利组织的理事会中，我经常觉察到理事会成员对被询问财务问题感到不自在。

在一些由理事长或首席执行官主导的不透明的组织中，这个问题甚至更加困难。我不止一次听到委员会成员说，出于尊敬理事长或首席执行官，他们不愿意提出质疑。我无法理解这种建立在对应尽义务的懒惰和职责滥用之上的欣赏。正确的应该是：理事会成员首先必须履行对组织的义务。这种不负责任的行为是对组织、捐赠人和目标受众的信任的背叛。在很大程度上，它也损害了理事长或首席执行官本人的利益。如果一个理事会或审计委员会的成员因感到很“不舒服”而不能询问、检查组织中的所有开支和财务事项，那么这个理事会就不是一个高效的理事会。成熟而专业的理事长和首席执行官更喜欢理事会中独立的成员，他们能够在会议上提出质疑，进行审查和商议，而不只是一群应声虫。

二、非营利组织理事会的重要特征

组织的创始理事会一般由组织的创始人组成。除非章程中另有关于这一事项的指示，此后，一般由大会选举理事会。理事会的组成对确定本组织的精神和价值以及形成其组织文化具有至关重要的意义。换句话说，创始理事会建构了组织的基础结构，奠定了组织的基因。理事会成员就像一面镜子，为组织的员工树立了个人榜样。不能以符合道德的标准行事的理事会成员将无法在组织员工中推行伦理准则，要求其他人以符合伦理的方式行事。只有认同组织理念并完全致力于此的理事会，才有能力实现这些价值观，帮助组织实现预期的变革。圣雄甘地说得好："欲变世界，先变其身。"

因此，根据组织的理念选择最恰当的人是最重要的事情。这项任务一点也不容易，但它对本组织的成功，对让组织周围的环境——捐赠人、支持者、志愿者、雇员等响应组织的基本精神和理念至关重要。法律只要求组织至少有两名成员在理事会任职，因此，我们可以逐步建立理事会。在创始阶段构成组织"额外灵魂"的人，我们称之为"第一根肋骨"，除此之外，理事会构成了组织的第二根也是最重要的肋骨。理事会的质量反映了组织外部——捐赠人、机构、组织和伙伴，以及内部——目标受益对象和本组织的雇员的大体情况。

然而，重要的是要问：怎样能让理事会成为一个好的理事会？人们通常认为，一个积极而有意识的理事会的特征是遵守合规管理的准则，成员定期参加会议，以及按照有序的决策过程进行活动。此外，理事会的成员组成必须均衡。然而，通过对组织和公司的密切观察表明，与此假设相反的是，遵守规则、合规管理并不一定能保证成功。这可以从大公司如泰科·阿德尔菲亚（Tyco Adelphia）、安然（Enron）和世通（WorldCom）的失败中看出。这些公司非常重视董事会的运作，但仍然失败了。因此，问题来了——这些公司为什么会失败？是董事会成员缺乏专业精神吗？董事会工作时睡着了吗？他们与腐败的政府合作了吗？

人们普遍认为，巨大的商业灾难只可能发生在董事会成员的疏忽甚至犯罪行为面前，但如果对这些董事会仔细审视就会发现，在大多数情况下，失败并不是因为缺乏专业精神或由腐败导致的。事实上，这些董事会是按照大多数公认的标准行事的：董事会成员定期参加会议，把钱投资于他们管理的公司，因此成功与他们的个人利益息息相关。此外，企业还有审计委员会、薪酬委员会和伦理道德行为准则。尽管其中一些公司确实存在一些董事会成员的独立性问题，因为他们拥有大量的内部董事会成员，而非外部（独立）董事会成员。不过并非所有倒闭的公司都是如此。此外，在这方面，失败的公司的董事会组成与成功公司的董事会组成相似。也就是说，如果用这套标准去评估公司的董事会，得出公司是否会成功的结果，那么他们已经成功达标了。[7]

如果是这样，那么应该如何评估理事会？成功的理事会和失败的理事会有什么不同？显然，并不存在简单而精确的公式。行业文献指出了造成理事会职能问题的三个主要原因：一是内部竞争，部分理事会成员的主导地位、成员之间单向沟通和缺乏碰撞融合；二是理事会成员缺乏参与，这可能是由于不了解或不认同组织的目标所造成的；三是并非所有的委员会成员都知道并理解自己的角色是什么。出于困惑或缺乏知识，或对角色的混淆或不了解，加上理事会成员的不满，导致了一个严重的问题，即感到徒劳、缺乏参与、对他们担任理事会成员的目的失去了认同感。在理事会中，成员丧失对组织目标的认同感比职能问题更为严重。理事会成员理应知道该做什么，并以一种合理的方式去做。但最终，如果他们对自己所做的无用功感到沮丧，这显然会影响他们的工作。在这种情况下，我们应改进理事会成员职能的定义，使其涵盖更有吸引力和更重要的任务。

《阿穆托特法》第25条授予理事会管理组织的权力。理事会的权力及其角色详载于非营利机构注册管理手册《非营利机构行为指引》（*Guidelines for the Conduct of Non-Profit Organizations*）中。这本小册子包括一个由15个部分组成的清单，介绍了机构理事会的权力及其职能。[8]对理事会职能的定义可以概括为理事会成员需要承担的五个主要职责：

1. 确定组织的使命和总体战略，并根据需要进行变更。

2. 检验组织的绩效，并要求专业管理人员承担责任。

3. 选择首席执行官，并对其进行评估，为他提供支持。如果必要，可进行替换。

4. 开发并维护组织的资源。

5. 作为组织和社区之间的桥梁，促进、建立和扩大社区对组织的支持。[9]

《阿穆托特法》第27条规定，理事会成员有责任“在其目标的框架内并按照大会的决定，根据组织的利益最大化采取行动”。[10]需要注意的是，大多数理事会的正式工作都是片段化的。然而，幸运的是，并非每次会议都有战略问题需要讨论，比如选择一位新的CEO或定义一个愿景。理事会的这种“受托”工作是枯燥的，却是最重要的任务之一。理事会相当一部分工作是控制和监督组织的专业管理情况，以发现问题或偏差。这一职能的目的是防止盗窃、浪费或滥用组织的资源，并确保其得到最大限度的利用，以及防止无意中偏离组织的愿景或未经同意便偏离组织目标。理事会必须以书面形式确定与本组织重大活动有关的安排和决定。根据非营利组织注册管理局颁布的职责要求，理事会的职责包括制定规范组织重要日常活动的书面程序。[11]这项工作的重要性不亚于战略性的工作，但有时它既枯燥又令人缺乏成就感。

如前所述，否认这一现实可能导致一些理事会成员丧失目标和动力。因此，将理事会角色的性质内部化是非常重要的。充分的透明度、明确的规则和程序是建立良好声誉的先决条件，也是组织最重要的无形资产。良好的声誉提高了组织触及新的受众、雇用优秀员工和吸引捐赠人的能力。另一方面，负面的名声可能是致命的。按照程序、规则和决策过程行事是组织成功的必要条件，但不是成功的充分条件。[12]

最重要的是，一个好的理事会必须发挥领导作用。按照以色列第九任总统西蒙·佩雷斯的说法，领导力不是"高高在上"，而是"一马当先，冲锋陷阵"。2015年，在西蒙·佩雷斯与奥法姆之友（Friends of Ofanim）美国理事的会议上，他认为，作为总统，他象征性的角色比他作为权威首脑的角色更成功地影响到了更多的人。因此，领导力并不意味着使用武力或行政权力。非营利组织的领导力必须建立在道德权威的基础上。这样的领导方式营造了一种允许和尊重自由批评话语、宽容、原创、诚信和非胁迫的组织文化。理事会是组织的精神和价值观的看门人。它应该制定议程，而不是强加优先事项；它应该吸引大家对议题的关注，而不是命令结果；它应该发现重要的机遇和挑战，而不是要求具体的解决方案。[13]

理事会的另一个必要条件是建立一种无形的组织结构，使其成员之间相互尊重、理解和信任。这并不意味着理事会成员之间的关系应该相互限制或保持一致，而是要建立一种可以包含质疑和对立意见的坚定而牢固的关系。这些条件对商业组织和公司来说是必要的，也可能是充分的。非营利组织的理事会成员，至少是那些在被定义为"志愿服务和慈善事业"领域工作的成员，必须对这个想法有一种深刻而真实的归属感和责任感。他们必须完全认同组织的目标，并创造一种纯净、没有利益关系、积极开放的社会氛围。在这样一种氛围中，理事会成员可以不用考虑利害关系，为推动组织目标的实现进行询问、质疑。

非营利组织的理事会还应成为我称之为"纯粹空间"的存在，这是一个让人们感觉纯净、超越的地方。在这里，他们可以把自己置于组织目标和服务之后。纯粹的空间能将人们与他们内心最纯净、最真实的地方联系在一起，让他们感觉到自己是一个公正美好的世界的共创者。纯粹的氛围以及人们共有的崇高的理想，以及为之奉献的精神，其价值怎么说都不过分。处于纯粹空间的理事会成员对任何偏离既定规范的行为都很敏感，并将谴责这类企图。因此，一方面，非营利组织理事会的组成必须在其伦理道德、价值观和对组织理念的认同感上保持统一；另一方面，还必须确保大家来自不同专业领域，能为组织目标的实现贡献不同的力量。在选择与组织的想法相同的创始理事会成员时，那些有可能为组织创造纯粹空间的人是非常重要的。一群基于纯粹空间而产生联系的人能辐射远方，具有极强的影响力。

同样重要的是，法律并没有限制理事会成员的数量。对于组织中理事会的规模，业界产生了不同的意见。大家普遍认为小规模理事会是好的，而大规模理事会是不好的。[14]一个人数较少的理事会可以进行简洁而严肃的讨论，创造一种亲密的家庭气氛，但是管理和促进本组织的重担却落在少数成员的肩上。而在一个大规模的理事会中，更多的人承担着责任，但是很难进行严肃和简洁的讨论。在大型组织中，还需要设立各种委员会，例如审计、预算、投资、发展等。这样，人数较多的理事会有利于成员分配时间并合理地参与各个委员会。此外，一个大规模的理事会要求每次有大量成员参与会议，以满足最低法定人数的要求。事实上，理事会的规模取决于组织的项目活动量。然而，在大多数非营利组织的理事会中，活跃的理事会成员的数量是有限的。一般来说，问题不在于理事会的规模，而在于理事会的质量。

机构在创始阶段吸纳新成员加入时必须基于共同的信任、价值观念和目标的一致等特点。只有以此为基础，才能确保理事会在对机构至关重要的时期内具有凝聚力。关于理事会成员的年龄，业界也有不同的意见。经验丰富的理事会成员可以很大程度上促进机构的组建。这些成员可以成为为组织带来新能量和新思想的年轻成员的导师。同时，将年轻人纳入理事会也是培养组织下一代的一个非常重要的组成部分。

可以说在每一个组织中，理事会都必须包括来自四个群体的成员：捐赠人（donors）、开门人（door-openers）、专业人士（professionals）

和驱动力（driving force，或称“活着的精神”[living spirit]）。来自捐赠人群体的理事会成员通常具有一定的经济实力和高度的社会觉悟，他们被组织的想法感动，愿意为促进组织的目标达成而努力，甚至愿意捐款。对于那些刚刚起步的组织来说，招募本身就是捐赠人的理事会成员是一个很难的挑战。有经济实力和社会意识的人受到各种组织和协会的追捧，所以他们中的大多数人已经投身于一个或多个组织。理事会最重要的职能之一是为组织带来善款和捐赠人。捐赠人成为理事会成员对于组织而言十分重要，能够增加组织的财务安全。理事会成员中的捐赠人可以从熟人中找到更多有经济实力的人，这些人构成了组织的潜在捐赠人。随着组织的进步和发展，理事会的目标是尽可能多地吸收捐赠人加入理事会。捐赠人作为理事，通常十分认同组织的理念，也比较了解组织管理的各个方面并具有相关的经验。

然而有时候，具有较高社会经济地位的理事会成员可能成为组织获取其他捐赠人的障碍；一些潜在的捐赠人会找借口说：“他们已经有足够的资源了，并不需要我。”许多以色列的非营利组织是由具备经济实力和社会意识的人建立的，他们是组织主要的，有时甚至是唯一的财政支柱。由于组织完全依赖于富人的捐款，而富人也是有影响力的人，因此由他决定或支配着组织的基调。不管如何，这样的组织捐赠人与创始人完全一致，在组织的专业需求与富人的愿望和意见之间存在着微妙的界线。在这条界线变得模糊的情况下，理事会想要忠实地代表组织的需要就面临着巨大的挑战。尽管理事会成员必须包含捐赠人，但同样重要的是，组织不能仅仅或主要依靠这些成员的捐款。

作为开门人的理事会成员通常都是社会知名人士。将他们列入理事会名单，能增加组织的威望，并可以帮助组织或其他机构与潜在捐赠人建立联系。这些人对组织及其目标给予即时的认可，对处于起步阶段的非营利组织非常重要。招募这些正直且有公众威望的人很不容易，尤其是对初创的非营利组织来说。他们行程忙碌，被许多商业和非营利组织追捧。如果组织里有人和这些人存在私人往来，那么就有可能将他们吸纳到组织中来。真正的挑战是为组织带来一个顶尖的开门人，因为在那之后，要招募到其他开门人就会容易不少。

来自专家群组的理事会成员都是各自领域的行家，他们可以为非营利组织管理所涉及的各个学科提供法律、财务、公共关系等方面的帮助。此外，理事会成员应包括组织业务领域的专家。对于年轻的组织来说，从专家群组中寻找和招募成员比从开门人和驱动力群体中招募更容易。因为只要公益组织提出一个善因和清晰的使命愿景，许多来自各个领域的优秀且慷慨的专业人士都愿意加入，贡献一份力量。选出该群组中优秀的人才加入理事会能够帮助组织招募其他群组的成员。因此，我们应该坚持从该群组中找到最适宜的人选。

最后，来自驱动力组的理事会成员，他们为组织的理念热血沸腾，就像组织的创始人或“附加灵魂”那样。拥有驱动力的人是推动组织发展的涡轮发动机。这样的人相对来说比较少见，但是他们会号召他们的家人、朋友和周围的人加入，并且竭尽所能推广组织的理念。他们的热情很有感染力，能帮助我们克服困难。我们通常能在组织的活动中发现这类人。要找到这样的人相当困难，一个组织能拥有一到两名这样的理事会成员已经尤其幸运，组织获得成功的机会也特别高。

理事会成员的分类并不是固定不变、非黑即白的。有些人可以同时位列不同的群组。例如来自驱动力小组的成员可能也非常专业。有些成员是捐赠人，也是推动力，而有些成员是开门人，同时也具备专业性。

三、一路总有好人相伴

在美国奥法姆之友的理事会上，我有幸遇见了一位独特的女性，她的名字叫艾米·立顿（Amy Lipton）。艾米是一位成功的律师，有着宽广的胸怀和特殊的灵魂。她认同奥法姆的理念，并第一个加入了美国奥法姆之友的理事会。在我多次代表奥法姆访问美国期间，艾米陪同我参加了几乎所有与潜在支持者举行的会议。艾米拥有一种罕见且令人惊叹的素质。她的专业、活力、投入、谦虚、羞涩、优雅、敏锐和关怀让每一个遇见她的人都情不自禁地喜欢她。她对奥法姆有着一种完全的、具有感染力的奉献精神。正如先知以西结所说，艾米变成了“轮子里的活灵”。[15]因此，她被所有的美国理事会成员称为“了不起的艾米”。

出于人道和纯粹的理念，她打从心底关心着以色列和以色列儿童的未来，向奥法姆的孩子们敞开怀抱，捐助了善款，还邀请了她的许多朋友一起拥抱孩子们。她的人格象征着奥法姆的本质精神。她是成千上万孩子的“天使”，尽管奥法姆的孩子们并不认识她。她对奥法姆的奉献是无止境的，很难想象没有艾米和她对实现组织目标做出的巨大贡献，奥法姆会是什么样子。然而不幸的是，2015年艾米得了一场重病，一年后去世，年仅60岁。因为艾米无尽的慷慨和善举，她永远活在了我们和成千上万的奥法姆儿童的心中。从我与艾米·立顿的相识中，我意识到社会行动中最伟大、最特别的礼物之一，就是我们一路上遇到的那些了不起的人。

我居住在佐治亚州亚特兰大市的时候，遇到了伯尼·马库斯（Bernie Marcus）先生。他是世界上最大、最成功的“自己动手”商店之一——家得宝（The Home Depot）的传奇创始人和老板。这家公司拥有2 269家门店，2014年的年收入为830亿美元。伯尼的儿子迈克尔是我亚特兰大社交圈中的一个朋友，我通过他认识了伯尼。有一天，伯尼邀请我参加一个会议，他让我帮助他在亚特兰大招募以色列商人加入他作为联合发起人成立的以色列民主研究所（Israel Democracy Institute，简称 IDI）。在伯尼看来，以色列人给予支持的意义并不在于捐款，而在于以色列人对他们的社会承担责任。通过参与“民主研究所”的招募工作，我认识了安吉莉卡·贝里（Angelica Berrie），这位最独特、最鼓舞人心的女性之一。

安吉莉卡出生在菲律宾南部的宿务岛上，并在天主教修道院学校接受教育。她在费迪南德·马科斯（Ferdinand Marcos）的独裁统治下生活了22年，并参加了推翻他的和平革命运动。安吉莉卡和修女们挽着手臂，手里紧紧地拿着一本《圣经》，嘴里念叨着祈祷词。她坚定地站在独裁者的坦克前，直到对方被迫撤退。在那些日子里，安吉莉卡从来没有想过她会离开她的祖国、信仰和家庭，而嫁给罗素·贝里（Russell Berrie），一个出生在布朗克斯的从事礼品、玩具制作的犹太商人。从菲律宾直接迁移到新泽西犹太社区的中心地带并不容易，同时，她作为“罗素的妻子”这一事实在犹太社区和慈善团体的眼中伴随着巨大的责任。尽管慈善的概念不在她的词汇中，但儿时在教堂的经历，已经为她灌输了给予的概念，不过它的意义仅限于在周日弥撒时把一些小东西放进募捐篮里。安吉莉卡逐渐融入了社会，认识了很多人，也推动了各种社会问题的解决，这让她能够表达自己，也让她接触到了慈善的世界。

积极而慷慨的犹太社区张开双臂欢迎她。一些模范人物也成为她灵感的来源，这使得她在与一个从不对她做出要求的忠诚犹太教徒结婚十年后，开始考虑改信犹太教的可能性。她本想在罗素70岁生日那天告诉他给他一个惊喜，但不幸的是，罗素在那前一年去世了，没能看到她放弃了计划——多年前她曾告诉他——如果她成为寡妇，就退休去修道院。安吉莉卡在罗素死后决定皈依犹太教，因为她意识到自己已经离开了在她幼时养育她的天主教世界，她觉得自己的灵魂被犹太教吸引了。此外，她已经成为犹太社区中忠诚且融入得很好的一员。事实上，社区里的许多人以为她在真正皈依之前早已皈依了，因为他们无法想象没有皈依就会有这样的投入。安吉莉卡在耶路撒冷的沙洛姆哈特曼学院（Shalom Hartman Institute）完成了皈依的准备工作。在那里，她与拉比大卫·哈特曼（David Hartman）教授、拉比多尼尔·哈特曼（Donniel Hartmen）、米卡·古德曼（Micha Goodman）等知名哲学家和学者一起学习犹太教，这让她对犹太教愈发着迷。自从她皈依后，她每年夏天都在以色列的沙洛姆哈特曼学院学习，并到以色列各地旅行，继续向与自己有相同的价值观，渴望变革的以色列慈善家学习。

罗素去世后，安吉莉卡成为跨国上市公司罗素·贝里（Russ Berrie & Co. Inc.）的副董事长兼首席执行官。该公司在全球雇用了1 600多名员工。此外，她还成为罗素·贝里基金会（Russell Berrie Foundation）的主席。安吉莉卡和罗素的跨宗教结合促成了跨宗教理解中心（Center for Interreligious Understanding）的成立，以团结所有信仰的精神领袖。在这个组织的努力下，伊玛目和牧师团体访问了奥斯威辛，各教派的拉比在梵蒂冈会见了教皇。该中心已经培训了来自21个国家的7个跨宗教团体：天主教修女、神父和世俗人士。研究员们在耶路撒冷沙洛姆哈特曼学院学习，并与来自不同信仰的精神领袖会面，以促进相互理解、宽容、相互接受，并在不同宗教之间建立桥梁，使得未来几代其他宗教的成员能够彼此和平相处。

在安吉莉卡领导下的罗素·贝里基金会支持了以色列许多不同的项目：从在以色列理工学院成立罗素·贝里纳米技术研究所（Russ Berrie Nanotechnology Institute at the Technion），到支持在采法特建立医学院，以及与教育部合作实施“塔布·以色列”（Tarbut Israel）项目，在高中进行犹太遗产和身份的研究。通过罗素·贝里基金会，她与其他有责任感、有活力的领导人一起发起社会倡议，她认为这些倡议具有带来变革的潜力。她曾说：“即使是一个行为也能改变世界，我们每个人都有重塑世界的力量。”

安吉莉卡以她安静、谦逊、敏锐和鼓舞人心的方式改变并重塑了以色列和全球许多人的世界。2007年，安吉莉卡加入了奥法姆之友的理事会，2014年，担任美国奥法姆之友的主席。她关心奥法姆儿童以及以色列边缘群体的境遇，为改善他们的境遇付出了巨大的努力。安吉莉卡除了为促进和支持奥法姆做出了令人惊叹的工作之外，她还是以色列和美国理事会成员灵感的来源。通过她的社会行动和对以色列和犹太人民的深切关怀，安吉莉卡象征着现代版的摩押路得。事实上，在她皈依后，安吉莉卡为自己取了希伯来语的名字“路得”（Ruth），她的婆婆，即她丈夫的母亲的名字是娜奥米（Naomi）。

在以色列有一种错误的做法，即大多数非营利组织的负责人无限期地担任他们的职务。非营利组织给人负面印象的原因之一就是公众认为一些机构提供了铁饭碗岗位。以色列的法律没有限制理事长或首席执行官的最长任职期限。因此，有的机构的首席执行官或理事长长期任职，以至于过分主导机构，从而破坏了执行委员会和专业人士之间的平衡。此外，在许多非营利组织中，会由经验丰富的首席执行官任命理事长和理事会。这种情况是不健康的，因为它破坏了机构的管理与平衡。主动限制非营利组织的任期可以改善机构的项目活动、透明度，增加公众对非营利组织的信任。对一个组织，尤其是非营利组织来说，没有什么比限制高管，如理事会成员、首席执行官和理事长的任期更有利于机构健康的事了。组织中常见的误解之一是，有一些关键人物是“不可或缺的”。在这种背景下，“墓地里到处都是不可替代的人”这句老话是非常准确的。新的血液、新的管理方法、新的风格和新的能量是一个组织的氧气，在我们这样一个不断变化的世界中是必要的。只有规定组织中关键人物在相同职位任职的年限，才能摆脱惯性和束缚，向前迈进。

创始人的角色即要以“鲜活的精神”来规划愿景，培育和创造“纯粹的空间”，选择最初的理事会成员，建立组织基因，奠定组织的基础。组织的创始人就像一个创业公司的企业家，他拥有实现目标的愿景和动力。但在很多情况下，企业家并不是公司发展成熟后的最佳管理者。一个组织真正的生命力在于即使创始人不再是掌舵人，它仍然可以继续运作和发展。此外，有时候当创始人不再是领导者时，组织就会发展到新的高度。一般的组织，特别是非营利组织所面临的困难之一是领导的连续性。为此，必须限制机构主席、理事会成员和首席执行官的任期，并将年轻人纳入理事会，培养他们作为组织管理的后备力量。创始人必须时刻牢记组织的最终目标，小心不要落入“所有者的陷阱”（Owner's Trap）。这意味着，一个人必须意识到创始人和组织之间的“绝对身份”问题，这种身份阻止了任何新领导层成长的可能性。

鉴于对包括主席职位在内的理事会成员任期进行限制的重要性，我在奥法姆第一次理事会会议上宣布，我打算在有限的任期内任职。在我看来，担任同一职务不超过10年算是比较合理的时长，同时可以为组织注入新鲜血液。大约在我任期结束的三年前，我们开始寻找奥法姆主席的候选人。对任何组织来说，权力交接的过程都是微妙而极其重要的。为了保证连续性并使过渡尽可能顺利，上任主席应该协同新任主席进行一段为时较长的交接工作。我并不想离开这个组织，只是想离开这个职位，这让我们能够在没有时间压力的情况下找到最合适的人，并且有序地进行交接。选择错误的人会引起骚动并对组织造成不可逆转的损害，特别是对于像奥法姆这类规模不大的组织。因此，我们想寻找一位与组织价值观相同，具有良好人际关系，理解组织所涉及的领域并具有相关经验，能够与我们创造的“纯粹空间”相联结的候选人。每一个组织对主席职位的候选人都有着极高要求，该人选必须投入大量的时间、精力和资源，而这些都是无偿的。为此，这一人选需要把社会参与看作是一种深刻的个人责任。如我们所料，这果真是一项特别困难的工作。很少有候选人能够在没有任何经济报酬的情况下，投入这项工作所需的时间和精力。

经过漫长的寻找过程和一次不成功的尝试，我们选择奥德·哈多米（Oded Hadomi）先生担任组织的主席。奥德的加入是一个令人感动和鼓舞的故事。作为奥法姆项目运作的一部分，每个移动实验室都与一所高等教育机构合作：机器人实验室的合作方是以色列理工学院，天文实验室的合作方是本－古里安大学，青年医生实验室则与采法特医学院合作。为了让孩子们接触到合作的机构，消除人为的障碍，增强他们的自信，并向他们灌输他们将来可以在这些机构中学习的信念，奥法姆有部分科学活动是在高等教育机构中进行的。最早与奥法姆合作的机构之一是申卡尔工程与设计学院（Shenkar College of Engineering and Design）。为了争取合作，我在第一次访问申卡尔时，拜访了当时的学院首席执行官巴鲁克·萨吉夫（Baruch Sagiv）先生。巴鲁克非常热衷于让来自周边地区的孩子参观学院、参加学院实验室和各种工程领域的研讨会。他向各实验室的主任提出了这个问题，他们一致同意在完全自愿的基础上举办讲习班。

我请巴鲁克指派学院的一位联络人负责协调奥法姆组织的访问。他向我推荐了一名年轻的学生奥德·哈多米，时任申卡尔学生会的主席。他认为奥德具有“高度的社会意识”。在他看来，他是最适合这项任务的人选。但他补充说，奥德已临近毕业，而且已经开始在一家高科技公司工作，所以他不确定奥德是否有空。巴鲁克陪同我会见了学院自助餐厅的主管，确认了孩子们访问学院期间午餐的细节。当我们走进自助餐厅时，我们碰巧遇见了奥德，一个瘦高个儿的男人，他刚好来学校处理毕业前的一些事情。“这就是我跟你说过的那个人。”巴鲁克叫道。在我第一次见到奥德时，我就被这个谦虚、安静、沉着的年轻人迷住了。

在意识到孩子们参访的重要性后，他立即投入进来。尽管当时他还在上学，而且刚开始从事一份要求很高的高科技领域的工作，他还是同意接受联络人的角色，并号召了一些同学参与其中。因此，在接下来的几个星期里，我和他一起为孩子们的大学之行做准备，并对他迷人的性格和惊人的管理能力有了一些了解。在为访问做准备期间，奥法姆正处于物色首席执行官的关键时期。经过几个月的仔细筛选，遴选委员会选出了两名最终候选人。在奥法姆的孩子们成功地参访完申卡尔后，我从奥德的专业管理的角度，向理事会描述了我对他的印象，建议停止寻找其他候选人，并请理事会考虑奥德是否是适合的首席执行官人选。参与奥法姆儿童访问的部分成员见过奥德，他们表达了对这一想法的热烈支持。因此，理事会指示我去了解奥德对这件事的看法。

在我与奥德的短暂接触中，我知道他是最适合这份工作的人选，但我认为要说服一个刚刚完成工程学位的年轻人，让他放弃前途无量和回报丰厚的技术领域，投身社会行动领域，这可不是一件容易的事。在奥法姆的孩子们参访结束的几周后，我在办公室里见到了奥德。在感谢他为这次成功的参访所做的大量准备工作后，我提议让他担任奥法姆的首席执行官。奥德对这个提议感到非常惊讶，正如我所料，他说他刚开始在高科技行业工作，不确定在这个时候进入社会领域是否会对他的职业生涯造成严重的影响，且高科技领域和一个年轻的小型非营利组织之间的工资差距也是一个问题。在他拒绝了我所有理性说服的尝试后，我决定以情动人，并认为这可能会扭转局面。

我对他说："奥德，我不知道如果你投身社会领域是否会有损你的职业生涯，我也不能开出像高科技行业那样的薪水，但是如果你投身社会领域，我可以向你保证两件事情。这两件事至关重要，甚至比其他事情更重要。那是什么？第一，通过参与社会活动，对于生活，你能获得一个重要的视角，而很少有人能在如此年轻的时候获得这个视角。这个视角会扩大你的认知，给你带来平衡、满足感和生活的真正意义。第二，在社会参与中，你会遇到一些善良、有趣、特别的人，他们中的一些人会成为你一生中真正的朋友。如果你足够聪明地接受了我的提议，将来你会为这两件重要且不可或缺的馈赠而感谢我的。"沉默了许久后，他回答说："在我考虑这个问题之前，我想先了解一下奥法姆在这个领域的活动。"我意识到我触及了一个敏感的地方，在这堵墙上凿开了第一道裂缝。奥德在进行了实地考察和对组织及其目标等做了无休止的提问之后，我们在我的办公室再次见面，等待他的答复。"你应该知道，我对你的请求感到非常惊讶。如你所知，我曾在以色列国防军担任军官，在义务兵役后又服役了两年。在与边缘地区的孩子们见面后，我觉得自己又一次被召唤去承担应有的责任。我视此为另一项重要的投入，不亚于服役。我将接受这个职位，但我只能承诺三年，我希望不会因此失去我的职业前景。"我坐在他对面，又激动又兴奋。

奥德于2007年开始担任奥法姆的首席执行官，并如他所承诺的那样，为期整整三年。在此期间，奥法姆健康地发展壮大，成为以色列非正式教育领域中领先的非营利组织之一。在担任首席执行官三年之后，奥德回到了高科技领域，现在他是医疗器械领域一家初创公司的首席执行官。离开奥法姆大约一年之后，他加入了理事会。2015年，他履行职责担任奥法姆的主席。作为一名年轻的主席，奥德为组织带来了耳目一新的风格，并为专业团队和理事会注入了更多的年轻力量，为组织带来了新的动力。约一年后，奥德告诉我说，他曾向好友抱怨，他因承担各种义务——对家庭的、作为一个初创公司的首席执行官对公司的和对于奥法姆主席这一职位的各种义务——而没有一点时间去做别的事情了。他的朋友建议他考虑退出奥法姆。奥德回答说："奥法姆已成为我的一部分，构成了我的自我认同。我如何能够与自我分离？"我拥抱了这个迷人且令人激动的年轻人。他从加入奥法姆的那一刻起，就像我的弟弟一样。一直以来，他都非常了不起。

第五章　筹　款

评价一个人的价值应该看他给予什么，而不是看他能得到什么。

——阿尔伯特·爱因斯坦

一、背景和准备

筹款，是非营利组织最重要的任务，组织中的每一位成员都必须与之保持一致。为了成功完成这一任务，机构必须专业、有条不紊地开展工作。机构所传递的信息需要清晰、明确、朗朗上口，并且能够适应当前的形势。如今非营利组织对有限资源的竞争日趋激烈。艾米·立顿已故的妹妹蕾切尔（Rachel）给这场竞赛起了一个恰如其分的名字："悲伤竞赛"（Competition of Sorrows）。在这场为争夺资源而开展的艰难的"悲伤竞赛"中，由可靠的领导者带领的非营利组织具有巨大的优势。这些领导者认同他们所追求的目标，并且致力于推广那些具有重大影响力的、令人激动的理念。人们捐款的对象是人，而非机构，因此，捐赠人和筹款人之间的信任，以及他们之间的化学反应，对于达成捐赠而言至关重要。那些潜在捐赠人必须相信，非营利组织的领导者能够真正利用好他们的捐款，推进他所认定的组织目标。潜在捐赠人的捐赠动机有很多，包括对社区的归属感、捐赠行为中获得的满足与喜悦、家庭捐赠传统、捐赠人对其所处环境的责任感、捐赠人与某些特定主题有关联、个人兴趣等。[1]

为了知道应该将自己的捐赠花在何处，潜在捐赠人，无论是个人还是机构，都必须要从面前的众多社会目标中选出对他们来说最紧迫或最重要的一个。相较于传统捐赠人——捐助宽泛的、重要而崇高的善因，但并不仔细审查其捐赠和善款使用结果的捐赠人，新一代捐赠人——其财富通常来自高科技行业和其他先进行业——通常更为理性和谨慎，倾向于针对特定的善因和目标精确捐赠，不会把钱捐给非指定的一般用途。新一代捐赠人通常以目标为导向，积极寻求参与到他们所支持的社会运动和倡议中去。这些捐赠人受个人和商业系统熏陶，采用商业的模式来管理他们的社会捐赠——他们的投资。他们不止捐钱，同样也期待在影响公共事务以及社会和目标受众方面有所收获。[2]正是这些新一代捐赠人的参与，使得更加透明、更有秩序和更具成效的慈善行动大有希望。

正如之前所提到的，非营利组织的未来在很大程度上取决于筹款的能力。在以色列，许多组织一开始曾吹响号角，但在两三年内就停止了活动，并且收效甚微，因为他们无法筹集到足够的资金。这也是为什么在以色列，每40 000家非营利组织中，只有约15 000家组织（包括公共服务机构）是活跃的。[3][4]此外，每年有超过1 500家新的非营利组织加入这场争夺有限资源的竞争中来。[5]然而，尽管非营利组织数量在快速增长，但是社会对其重要性的认知、随之而来的制度化进程（如立法、公共政策、学术研究和教学，以及建立平台型组织和联盟型组织等）及其在社会中的位置和作用，并未引起相应的公共讨论 。与商业和公共部门的机构相比，非营利组织的独特性在于其不以营利为目标、禁止分配利润、接受志愿服务和捐赠以及法律地位，也因此被单独划分并成为一个独立的部门，即第三部门（The Third Sector）或社会部门（The Social Sector）。[6]

正如之前所提到的，虽然大部分以色列民众对非营利组织的活动持积极态度，但对第三部门仍抱有广泛的消极情绪。他们的障碍主要在于以色列缺乏捐赠文化和教育，公众对有能力捐赠的人普遍抱有怀疑态度，并且难以评估非营利组织的成效。种种障碍也同样反映在2015年以色列非营利组织“全球捐赠指数”（Global Giving Index）中，在145个国家中，以色列在志愿服务、捐赠和帮助外国人等方面位列第72位。[7]对于一个以秉持善良、乐于助人为价值观和传统的民族来说，这个排名远远不能与之相称。慈善文化发达的国家的经验表明，要推动和发展慈善文化，必须应对以下四个挑战：

1. 法律和经济对慈善事业和第三部门的限制和障碍；

2. 不接受或不理解慈善事业以及第三部门作用的价值观和文化观念；

3. 公众对慈善事业的参与有限；

4. 缺少支持捐赠人和潜在捐赠人的社会基础。

我们认识到，在以色列文化中人们普遍认为，国家对处理社会问题负有完全责任。这也是大部分民众不向非营利组织捐款的原因之一。[8]在以色列，慈善事业在社会中扮演何种角色和职责尚在逐渐成形的过程中，也并不像在美国那样被广泛熟知。遗憾的是，这种看法影响了大多数富人对自己所应承担的社会责任的看法。[9]

然而近年来，在福利政策明显改善、新自由主义的经济霸权、巨大的社会差距、政府无法满足的社会需求的变化、公共教育体系的衰落、新财富的快速积累，以及第三部门的发展等许多因素作用下，涌现出了越来越多的慈善活动。[10]推动慈善活动的是人们团结一致的信念和对弱势群体的社会责任感，这种道德伦理的责任感，激发了民众和机构为帮助弱者和穷人而行动——捐款、捐物和志愿服务。

非营利组织的筹款人必须对其所在组织的目标有绝对的认同感，否则就是在背叛自己。筹款人必须以最坦诚的方式，确定自己是否真正理解筹款的意义，并确信自己是否已经真正准备好承担起细致而精确地管理分配他人财富的巨大责任。正是因为非营利组织通过捐款（也就是他人的钱）运作，因此，他们必须正直、诚实、透明地采取行动。无论是个人还是机构，捐赠人向非营利组织提供资金支持，都是对该组织及其每一位理事的完全的、无条件的信任。接受来自个人或机构的捐赠——任何捐赠，不论数额大小——该机构成员必须将捐赠视为一种不证自明的具有特殊价值的行为。换句话说，人们依照自己的意志，打开了他们的心扉和钱包投入公益慈善事业中来，这是令人激动和惊叹的奇迹。

对捐赠资金不恰当、不明智甚至粗心大意地使用的行为，实际上等同于辜负捐赠人的信任，也会造成民众对成千上万非营利行业的从业者的误解。而这些从业者本身诚实、出色，夜以继日地在各类非营利组织中从事神圣的工作。报纸将少数腐败的非营利组织的理事获得不合理高薪的丑闻登上头条，这对非营利行业构成了很大伤害，不仅描绘了一幅扭曲的行业图景，也玷污了整个第三部门的声誉。此外，立法日益严格，究其原因是管理机构对第三部门缺乏信任，以及一些组织及其理事不负责任的行为造成了负面的社会影响。[11]

以色列社会缺乏信任，充斥着犬儒主义，这使得阴谋论大行其道：任何行为都不会是完全真诚、正派和单纯的，一定有其隐藏利益。由于非营利组织给人的负面印象，有无数人问过我："你在非营利组织中赚多少钱？"即便我当面回答他们："不赚钱，理事会都是在自愿的基础上工作的。"他们依然无法相信。两年前，我在耶路撒冷参加由教育部组织的关于与阿富汗合作关系的会议上，了解了公众在多大程度上持有这种负面看法。那次会议由教育部总干事主持，各方代表都围坐在巨大的椭圆形会议桌前。会议开始时，我介绍了自己、同行的另一位代表和所在机构的活动。介绍完后，总干事问我："你从中得到了什么？"我深吸了一口气，回答道："虽然这个问题我已经被问过不止一次了，但我必须说，我没想到教育部的总干事会这样问我。这听起来可能有些奇怪，但是为了让我们的国家变得更好，我作为公民对此怀有深切的责任感。"

那些参与以色列社会行动的人都知道，这种消极印象在现实中已经严重到了何种地步，给许多人、机构和组织造成了多少伤害。这些对非营利组织的损害和负面影响，是以色列慈善事业发展道路上的巨大绊脚石，也是非营利组织筹集资金、招募志愿者等人士加入组织的主要障碍。我们必须承认，作为非营利组织的理事会成员，我们的肩上负有责任。这些年来，我也遇到了一些并不真正热衷公益的人，他们对机构的贡献不大，只是借"理事会成员"的名头来包装自己。他们参与机构管理会议很随机，不仅没有实质贡献，而且在某些情况下反而增加了机构的开支，例如参加会议的差旅费和报酬等。在某些情况下，一些机构工作人员提出的预算和开支几乎是自动获批的，不会经过认真讨论，也不会经过理事会成员的审查。一些非营利组织中甚至还会为领导层支付不适当、不合理的高薪。而就立法者而言，只要非营利组织的行为符合相关行政管理的基本规则，它就是“优良的”组织，主要依据是“考虑到员工的资质和劳动力市场的对相似情况的接受度，机构有权支付高出一般合理范围的薪酬”，以及“在制定非营利组织高级管理人员的薪酬上限时，薪酬合理性要考虑以下因素：机构的年营业额、独立性、管理绩效，以及任职者素质”。[12]

显然，非营利组织全职高管的薪资是一个敏感的问题，必须慎重考虑。与能够支付高薪的企业相比，非营利组织能够招到有竞争力的高素质人才的机会非常少。无论公益还是商业，人才对任何机构来说，都是最重要的资源。为了吸引有才能、高素质的人才，机构必须提供有竞争力且合理的薪酬。薪酬不能脱离组织预算，也要符合其职责范围。在社会行动领域，关于伦理、道德和价值取向的声明是非常重要的。没有这个声明，机构就失去了存在的基础。因此，让非营利组织像商业社会那样实行薪资自由竞争是错误的，也会传递出错误的信息。另外，特别高的薪酬水平，也会不可避免地给这些高管们参与社会事业的真实动机打上问号。非营利组织需要在招聘最高素质、最优秀、有才能的人才方面找到恰当的平衡，他们的薪酬水平要合理，要与他们试图宣扬的价值观保持一致。许多有高度社会意识的人才正在寻求改变，从商业领域走向公益领域。他们中的许多人都意识到了这一点，并且愿意在薪酬水平上做出妥协。

许多非营利组织，如承诺捐赠（Committed to Give）、犹太资助者网络（JFN）、米多特（Midot）、西德菲姆（Sheatufim）、指南星（GuideStar）等实体机构都在为扭转被曲解的行业形象、为行业塑造良好声誉而奋斗。作为其中的一分子，我们不得不更加坚定地要求最大限度的公开透明，并大声反对滥用职权。我们必须制定一套有关捐赠资金的透明标准和行为准则，并确保机构高管工资支付的准则将比法律规定更加严格。

此外，我们还主张，所有的非营利组织都应该执行该行为准则，同时应该公布那些承诺执行该行为准则的机构的名单。如果第三部门自愿遵守严格的行为准则，将其作为衡量非营利组织透明、正直和廉洁的基本尺度，这样一份伦理与道德声明能够纠正公众负面印象。这一明确的声明可以帮助我们根除杂草，动员其他创业者参与到社会行动中来，将慈善与希望传递到以色列社会更广阔的空间。无论是对慷慨的捐赠人，还是对整个社会部门，完全透明、怀揣敬畏地使用捐款，是最高的道德和伦理责任。

二、收入和善款的主要来源

我们之前提到，许多以色列人一致认为，国家应该对所有的社会事务负责任，而以色列的生活（如高税收、预备役等）也强化了这种看法。然而，由于近年来以色列总体经济发展势头强劲，特别是在高科技领域取得了许多成就，许多以色列人积累了大量资本。其结果是，以色列境内潜在捐赠人的数量也大幅增加。富有的个人和家庭越来越渴望能更多了解战略性公益慈善（strategic philanthropy）和公益慈善风险投资（venture philanthropy），这是变革的积极迹象。此外，“企业社会责任”的大力发展，以及企业在市场经济角色上开始以解决社会和社区问题为目标，也为非营利组织带来了新的社会倡议和其他资源等巨大机会。

尽管以色列的慈善事业发展迅速，但是相比世界上的其他地区，以色列仍有大批企业和个人没有参与到慈善事业中。2014年，慈善事业的捐赠收入仅占以色列国内生产总值的0.87%，而美国为2%。只有15% 的以色列人参加志愿活动，相比之下，美国的这一比例为25%，英国和加拿大为50%，澳大利亚、荷兰和德国为30%。另外，只有9% 的以色列企业为所在社区提供帮助，以此作为其承担“企业社会责任”的表现。[13]

非营利组织主要的收入来源是国家的资助和补贴，以及服务收入、捐赠和来自私营部门的资源。每家组织都希望从主要的收入来源方那里获得支持，但这也需要大量的时间和资源作为支撑。因此，机构成员在初期必须决定，应该把最佳精力投入哪些地方去筹集资金，以及在哪里最有可能达到既定筹款目标。为了达成任务，机构必须分析各种资源方和其资助方向（如教育、社会福利等），研究机构信息该如何适应这些方向，并且不断跟踪各种资源方的资助走向。提前了解这些资助信息，可以使机构尽早做好准备，从而提高机构从资助趋势的变化中获得收益的机会。[14]

2014年，非营利部门的生产总值（即该部门对经济的贡献值）约占以色列全国国内生产总值的5.5%，即597亿新谢克尔，雇用了约45万名员工（约占全国员工数的13.6%）。以色列非营利组织的总收入达1 326亿新谢克尔，其中49.7%来自政府购买，32.8%来自服务收入，15%来自以色列国内及海外的捐赠，2.5%来自利息和资产收入。2014年，以色列非营利组织总收入与2013年相比同比增长3.8%，2013年与2012年相比同比增长5.7%。[15]

表4　以色列非营利组织资金来源（单位：百万新谢克尔）(2009—2014)

年份	总收入	政府购买	服务收入	捐赠收入	利息和资产收入
2009	106 717	50 414	34 151	19 771	2 381
2010	113 216	53 418	36 217	21 048	2 533
2011	122 230	57 818	39 027	22 651	2 735
2012	120 977	59 758	39 844	18 331	3 064
2013	127 787	63 547	41 885	19 115	3 240
2014	132 556	65 793	43 522	19 888	3 353

来源：中央统计局

如上表所示，非营利组织近50%的收入来源于政府各部门，而其中最大份额（约占收入的60%）流向了被认为是公共服务机构的非营利组织，如健康类组织、高等教育机构等。除去公共服务机构外，其他非营利组织的总收入约占全以色列非营利组织总收入的40%。例如，2011年，除公共服务机构外，其他非营利组织的总收入为462.6亿新谢克尔，约占当年总收入的38%。[16]

根据《收入所得税条例》第46a 条，非营利组织明显的优势之一，是能够经税务局认可，成为接受捐赠的公共服务机构。这种资格认可使得作为公共机构的非营利组织满足条件，让其捐赠人有权因捐赠而获得税收优惠。应纳税的捐赠范围从190新谢克尔到以下两者中较低的一种：929.5万新谢克尔或者当年应纳税收入的30%。税收减免额度为个人捐赠额的35%，企业捐赠额的25%（“公司税”）。如果该非营利组织未从税务局得到收入所得税的认可，那么它筹集资金将非常困难，甚至几乎不可能。

对大多数企业及机构来说，按照《收入所得税条例》第46a 条的规定，获得税收减免资格是接受捐赠的必要条件。许多个人和社会捐赠者将此视为一种洁食印章①。因此，一家非营利组织成立后，需要立即完成的首要工作，就是申请获得税务机关对接受捐赠的资格认可。然而，得到46a 规定的批准是一个非常漫长的过程，一般会持续两年多，而且费用昂贵，但是绝对有必要。2011年，以色列正在运营的非营利组织中，只有不到三分之一（约4 280家机构）通过税务局认定，成为能够按照46a 条款接受捐赠的公共服务机构，并能为其捐赠人获得税收优惠的资格。[17] 在所有经以色列税务机关批准的项目中，27.9% 为宗教领域、25.4% 为教育和研究领域、18.2% 为社会福利领域、10.2% 为文化和休闲领域、3.7% 为健康领域。[18]

除了政府从非营利组织“购买”的“外包”服务（约占以色列非营利组织收入的50%）之外，还有少数非营利组织的活动得到了政府的资助支持。多年来，这种支持是在私下不透明地、任意地给予的。直到20世纪90年代初，以色列政府对每个机构的资助范围都要经过国家年度预算的详细确定，但没有任何明确的、始终如一的标准。在很大程度上，

① Kosher seal，在犹太教教义中，洁食印章代表神圣而洁净的。——译者注

这种资助成了政客们向与他们联系紧密的团体分发“饼干”，这种现象被称为“特殊基金”（the unique funds）。这种做法遭到了公众的严厉批评。基于这些批评，以及国家将这些资金提供给私营实体的事实，以色列议会在1992年颁布了《预算基础法》（Budget Foundations Law）第3a 条款，规定必须以透明、清晰的方式分配资助资金。尽管政府对法律进行了修正，但是即使在今天，一家非营利组织也很难根据第3a 条款得到政府的支持，除非机构与真正喜欢它的政治家们建立了良好关系。

在透明度方面，资金的分配过程也并没有多大改观。[19] 例如，2016年年底的预算讨论会中，财政部决定公开这部分拨款背后的政客姓名，好让他们“感到羞愧”，从而最大限度地减少“特殊基金”的分配。但是，许多媒体对“特殊基金”接收者的政客名字的吹捧产生了相反的效果——政客们非但不感到羞愧，而且彼此之间似乎已经展开了一场竞争，他们一方面认为这是一种成就，一方面又设法从财政部勒索资金用作“特殊基金”，以换取他们对批准预算的支持。在过去的十年中，政府对少数非营利组织的资助达到了平均每年20亿新谢克尔，而这些机构并不是《预算基础法》第3a 条款规定的公共服务机构。[20] 大部分政府资助是通过教育部和文化体育部两个政府部门提供的。

表5 教育部和文化体育部对《预算基础法》第3a 条款规定下非营利组织的资助

（根据2006—2014年各支持部门的数据）

年份	教育部对宗教机构的资助	文化体育部
2006	699 347 000	420 069 184
2007	825 780 000	442 769 480
2008	849 439 000	483 075 391
2009	974 097 717	516 418 286
2010	1 030 999 477	503 364 332

（续表）

年份	教育部对宗教机构的资助	文化体育部
2011	896 958 579	565 562 045
2012	1 033 980 052	671 284 767
2013	757 095 890	551 762 133
2014	576 094 095	568 328 313

来源：教育部和文化体育部

根据3a 条款，政府资助的资金有一半以上流向了宗教机构。在审查符合3a 条款获得政府资助的机构名单时，我们还发现，税务机关并不认可这些机构是接受捐赠的公共服务机构。虽然政府不需要税务机关的资格认可，但这种认可可以增加行为的规范性，而这显然并不受欢迎。根据《预算基础法》第3a 条款，大部分的政府资助将用于教育研究、文化休闲以及宗教领域的机构。在符合资助的非营利组织名单上，只有51家属于“慈善和志愿服务”一类。

表6　按活动领域划分符合《预算基础法》第3a 条款的政府资助（2011年）[①]

活动收入领域	总收入（单位：百万新谢克尔）	政府资助（单位：百万新谢克尔）	获得资助的组织数量（单位：个）
教育研究	15 771	733	820
文化休闲	5 717	474	504
宗教	3 215	410	495
慈善	5 617	268	51
社会福利	8 316	50	130
环境	326	25	35

① 该数据仅包含符合《预算基础法》第 3a 条款规定下的政府资助，不包含其他资助或购买服务支出，也不包括被认定为“公共服务机构”的非营利组织的收入。

（续表）

活动收入领域	总收入（单位：百万新谢克尔）	政府资助（单位：百万新谢克尔）	获得资助的组织数量（单位：个）
民间组织	1 144	14	39
卫生	4 448	12	55
住房和发展	648	10	16
商贸团体	881	4	15
其他	78	2	7
合计	46 161	2 002	2 167

来源：NPTech，以色列年鉴——非营利组织，2014年8月

2012年，非营利组织的活动领域及各领域非营利性收入在非营利组织总收入中的占比是这样的：卫生领域占比42.2%，教育研究占比28.2%，社会福利占比8.9%，文化、娱乐和体育占比7.4%，慈善和志愿服务占比5.5%，宗教占比3.4%，环境占比0.3%，住房和发展占比0.9%，政治和国防组织占比0.9%，国际组织占比0.9%，商贸团体占比2.2%。

获得政府财政支持，特别是长期资助，是一个漫长而艰难的过程。这个过程需要耐心，也尤其需要与政府及其各部门成员保持良好的关系。任何社会行动的最高宗旨，都是建立并运行一套模式，使之能够行之有效地回应那些广泛存在的、令人难过的社会问题，进而动员政府在全国范围内采纳并资助该模式。然而，要动员政府在全国范围内推行某一非营利组织提出的模式绝非易事，这在以色列也并不常见。由以色列议会成员、以色列奖得主艾利·阿拉鲁夫（Eli Alalouf）先生领导的拉希基金会（Rashi Foundation），就很擅长动员政府开展社会活动，最佳事例之一就是由他们发起的“国家午餐计划”（National Lunch Program）。拉希基金会在发起该计划时发挥了核心作用，从某种角度而言，为儿童，尤其是来自低收入家庭的儿童提供营养午餐，是延长他们

在校时间的一项必要举措。

这个项目得到了拉希基金会的全力支持，于2004年正式启动，每天为大约1 500名学生提供膳食。基金会起初只招募了当地政府参与该项目，而两年后，他们成功地获得了时任教育部长拉比·伊扎克·列维（Rabbi Yitzhak Levy）的支持，从而将该项目的服务范围扩大到覆盖5 000名学生。几年之后，在沙龙执政期间，基金会设法争取到了两名议会成员的支持，一名是来自反对党的尤利·塔米尔（Yuli Tamir），另一名是来自联合政府的鲁哈玛·阿夫拉罕（Ruhama Avraham）。两党相争的局面，促使以色列总理阿里埃勒·沙龙及其政府在国家层面上接受了午餐计划，并将其纳入法律。

2014年，该项目的规模进一步扩大，政府出资2.3亿新谢克尔，每天为儿童提供32万份午餐！午餐计划是一个非常成功的项目，它始于一个非营利组织的倡议，最后被政府完全采纳并立法。在艾利·阿拉鲁夫看来，能够将政府纳入这类倡议的伙伴关系中，代表着政治体制对其充分、彻底的认可，同样被认可的，还有那些与政治体制相关的、需要耐心而且艰苦的非正式工作，也强调了倡议背后的杰出人士的声望和地位——在拉希基金会的案例中，基金会创始人古斯塔夫·利文（Gustave Leven）先生的声望和地位得到充分肯定，这也是他的政治机遇。

另一个案例，是非营利组织创办的一家社会企业在国家层面上实施的科睿项目（Karev program）。该项目在1990年由安德里亚和查尔斯·布隆夫曼（Andrea and Charles Bronfman）创立，旨在通过在教育系统内开展提升和赋能活动，促进社会教育变革、缩小教育差距，推动以色列社会中的机会平等。科睿项目的提升课程与学校和幼儿园课程相结合，由非教育部雇员的教师授课。该项目从1990年起，在耶路撒冷和贝特谢梅什两个地区实行。

直至今天，科睿项目已经在110个地区展开，服务了超过 26万名儿童。它成为教育部的一个正式项目，由国家出资。同时，政府加入科睿项目也有一个难得的政治机会：大量来自苏联的移民中，有许多专技人员和艺术家，但这也造成了就业难题，许多有才华的移民发现自己失业了。拉宾政府在国家层面实施该项目，主要解决了这几个重要问题：延长以色列儿童的在校时间；引入新科目（如音乐、艺术、雕塑、戏剧等）；缓解移民就业问题，一些移民被聘为课程顾问。

很少有新机构在第一年的活动中就成功争取到政府的支持。为了吸引政府的关注，机构就需要成功举办实地活动来证明自己，并站在组织受益人的立场对决策者施以压力倒逼其采取措施。此外，尽管每一家机构都非常希望得到政府资助，但需要强调的是，如果政府资助不以长期和最高级别批准的协议为基础，那么该资助很可能是不稳定的，因此难以依靠。政府部门及主管领导的任何变化，都可能大大改变政府对机构的支持度。因此，像科睿项目这样能获得政府的长期支持是非常理想的。但重要的是，除非政府对该机构活动的支持责任被采纳并纳入政府决策，否则，非营利组织不能完全依赖这种支持。

三、以色列的捐赠规模

之前我们提到，几乎每一项社会倡议，尤其是属于“慈善和志愿”范畴的社会倡议，都依赖于非营利组织筹措资源、价值和资金的能力。大多数初创组织都依赖于以色列个人和国内外机构的捐赠，至少在运行的最初几年是这样的。在获得了有限的资助后，想要迅速开展活动的强烈愿望成为机构的一个障碍，令许多机构因此陷入严重危机，甚至很快就停止活动。因此，在开始一项社会倡议之前，机构需要彻底考虑清楚的、最重要的事情之一，就是财务的可持续性。也就是说，理解机构该如何筹措资金以维持长期发展是非常重要的。虽然，一个清晰明确、专业的资源筹措计划并不能确保机构成功，但是它确实能够减少风险，增加该计划成功的机会。

以色列非营利组织收到的捐款来自国内外，如本国家庭、公司和房地产的捐款。大部分国内外捐款主要流向的领域是慈善事业和志愿服务（本国捐款占23%、海外捐款占48%）、教育和研究（分别为22%和13%）。然而，主要依赖捐款收入的领域是国际组织（国内外捐款占该领域机构总收入的85%）、倡导和政治类组织（68%）以及慈善和志愿服务类组织（60%）。在其他领域，捐款占该领域机构总收入的比例不会超过48%，其中占最低的是卫生领域，仅占其总收入的3%。[21]

表7 以色列慈善事业和海外慈善事业（单位：百万新谢克尔）

年份	捐赠总额	本国捐赠额	海外捐赠额	海外向国家机构的捐赠额
2009	12 799	4 700	7 327	772
2010	12 845	4 964	6 807	1 074
2011	14 756	5 680	8 056	1 020

来源：“承诺捐赠”问卷和中央统计局，2014

正如我们之前提到的，非营利组织的主要收入来自政府购买服务、服务收入和私营部门的支付。私营部门的支付包括了“物资与服务捐赠”（即相当于捐赠等值的物品和服务），以及来自其他非营利组织、国内外慈善机构的捐赠。我们很难去估计由以色列人向以色列的非营利组织捐出善款的确切范围，因为无论是家庭、企业还是遗产捐赠，只有约22%的以色列人报告了其捐赠行为以获得税收减免。据悉，在企业做出的捐赠中平均44%会上报以获得税收抵免，相比之下，家庭捐赠中只有15%会这样做。在以色列，遗产捐赠收入仅占非营利组织所有捐赠收入的2.5%，而在美国这一比例为9%。一项由中央统计局联合“承诺捐赠”组织（Committed to Give）、亚德·哈纳迪夫基金会（Yad Hanadiv Foundation）发起、对2009—2011年以色列慈善事业的问卷调查显示，以色列人从企业到家庭，其捐赠规模从2009年的47亿新谢克尔，增长到了2011年的57亿新谢克尔——增长率达到了令人惊叹的21%。这项调查还显示，本国捐款约占国内外全部捐款额的40%，其中不包括海外向国家机构（如犹太事务局［Jewish Agency］、犹太民族基金［Jewish

National Fund］和以色列联合呼吁组织［Keren Hayesod – United Israel Appeal］）的捐款。[22]

表8　有来源的以色列捐赠（单位：百万新谢克尔）

年份	捐赠总额	企业捐赠	家庭捐赠	遗产捐赠
2009	4 700	1 318	3 225	157
2010	4 964	1 250	3 628	86
2011	5 680	1 554	4 026	100

来源：中央统计局

以色列和美国相似，绝大多数捐赠都是由普通民众提供的。在以色列人对非营利组织的捐赠中，有65%以上来自普通家庭；相比之下，在美国捐赠总额3 732.5亿美元之中，有71%以上来自普通家庭。此外，绝大多数的家庭捐赠（91%）都低于10万新谢克尔。特拉维夫大学的法律与慈善研究所（Institute of Law and Philanthropy）在2016年对以色列家庭捐赠模式进行的一项研究显示，76%的以色列人曾捐钱或等值物品。平均每户家庭的年捐赠额只有300新谢克尔，是西方国家中最低的。只有约15%的受访者每年捐款超过1 000新谢克尔，2.3%的人每年捐款超过1万新谢克尔。[23]

相比之下，2015年美国的人均捐赠额为1 000美元。另一方面，以色列人向非营利组织的捐赠中，约27%来自企业，许多企业捐款（40%~45%）的捐赠额高达50万新谢克尔。捐赠额在10万新谢克尔以下的企业中，平均捐赠范围在2万至3.8万新谢克尔之间。[24]这些事实清晰地表明，以色列的企业和富人们并不太参与社会行动。企业在经济上的成功、近年来富人数量的大幅增长，并没有反映到以色列的捐赠曲线上。根据瑞士信贷的《2016年全球财富报告》，以色列身家估值在100万~500万美元的人数有91 000人，500万~1 000万美元的有8 000人，1 000万~1 500万美元的有5 000人，5 000万~1亿美元的有444人，1亿~5亿美元的有277人，5亿~10亿美元的有25人。以色列有18位亿万富豪，其资产估计超过10亿美元。[25]这些事实表明，以色列人的捐赠能力与实际捐赠行为之间的差距正在扩大。

这种严峻的局面，一定程度上是由于人们对第三部门的负面态度，以及一些富人害怕自己被暴露于众导致的。但是，散居犹太人（Diaspora Jewry）捐赠习惯的改变、以色列非营利组织的财富积累和日益增长的需求，必然需要捐赠习惯的根本改变，需要富人和企业越来越多地参与以色列的社会行动。这一认识推动了以色列两家最重要的慈善事业促进机构的成立："承诺捐赠"组织和犹太资助者网络（Jewish Funders Network，简称 JFN Israel）。

承诺捐赠的宗旨是扩展以色列的捐赠人群体，培养以色列慈善事业的下一代。他们通过改变以色列有经济能力的人的捐赠文化，促进和培育重要的以色列慈善，鼓舞和激励具有战略性的有效捐赠来实现其宗旨。该倡议由一群以色列捐赠人发起，他们共同努力，鼓励以个人资本参与社会行动，为公益目标提供金钱捐助。该倡议旨在改变人们的认知，增加以色列重要捐赠人的数量。以色列犹太资助者网络的建立，使以色列的捐赠人和资本家能够就他们的慈善参与交换意见，扩大他们在以色列和海外的捐赠圈。此外，它还为希望进入以色列社会影响圈、扩展在以色列慈善活动的海外慈善家提供中介服务。

非营利组织在制订筹款计划时需要认识到并真正理解，绝大部分捐款来自个人捐赠是非常重要的。大多数非营利组织都是从机构、基金会以及富人那里寻求捐赠，但事实上，大多数的捐赠来自普通民众。那些以个人捐赠为基础的非营利组织比起那些依靠机构和政府资助的组织，要略微稳定一些。个人捐赠的变化是很缓慢的，而这与政府部门等资助方停止捐赠的冲击正好相反。个人小额捐赠的一个问题在于，它较为分散且不够稳定、持久，因此，这种捐赠需要认真且持续的维护；另一个问题是，个人小额捐赠中许多是一次性捐款。小额捐款比大额捐款更容易续期。今天绝大多数的捐款是通过传统的招募方式获得的，例如私人会面、电话、信件和电子邮件。

即使如今是互联网和社交网络的时代，以色列人的捐赠方式也没有明显改变：58% 的人曾在街上向乞丐捐款，57% 的人在挨家挨户劝募时捐款，52% 的人通过慈善捐款箱捐款，50% 的人在超市捐款，4.2% 的人通过短信捐款。2016年以色列人向非营利组织的捐款总额中只有7.5% 是通过互联网进行的。[26] 相比之下，2015年美国通过互联网接受的捐款总额为3 732.5亿美元，约占捐款总额的7.1%。尽管在美国通过互联网进行的捐款只占全部捐赠的一小部分，但这一数字比前一年增长了9%，这表明，线上捐赠呈增长趋势。[27]

机构必须考虑到我们所生活的虚拟世界，并将社交网络作为与大众联系的一种方式，让尽可能多的人能够访问组织的信息。这可不是一个简单的挑战，因为对于大部分捐赠人来说，捐赠动机是情感上的。而有些人在面对别人对自己发出劝募请求时，会单纯地因压力感到不太舒服，但是，对非营利组织的认同感和投入度通常会清除这种障碍并促使人们做出捐赠决定。例如，美国前总统巴拉克·奥巴马就曾通过在线筹款平台成功募集了政治资金。 因此，一个机构是否有能力在社交网络中传递出伙伴关系和个人影响力，以及让捐赠本身无形地融入捐赠者身份认同的一部分，是长期成功获得大众支持的关键。而另一个在社交网络上筹款的挑战是，机构是否有能力管理好大量的小额捐赠人，并使他们长期留存。非营利组织通过保持信息更新、透明地展示机构善款的使用情况等方式，始终与捐赠人保持联络，也增加了留存捐赠人经常性捐赠的机会。诸如“捐赠日”、挑战筹款和社交网络筹款等先进的筹款方式，能够提供与潜在捐赠人见面的机会。但是重要的是，每一项筹款举措都必须与筹款战略相呼应，甄别并留住合适的捐赠人，并争取他们的长期捐助。一项关于美国人捐赠习惯的研究表明，非营利组织有50% 到60% 的捐赠人只捐赠过一次。此外，获得新捐赠人需要花费的成本，是保留现有捐赠人成本的5倍。[28] 2015年，美国客户或捐赠人的留存率为46%。换句话说，2014年的捐赠人中，只有46% 在下一年继续捐赠。[29]

由于捐赠人的数量是一定的，甚至不断减少，因此，招募新捐赠人比以往任何时候都要更加困难和昂贵。由于60%的捐赠人在一次捐赠后就退出，招募捐赠人的成本有时甚至超过捐赠人的捐赠额。因此，近年来大部分非营利组织的筹款工作，都集中在增加客户或提升捐赠人留存率方面。[30]为了筹款而对人际关系进行明智的投资，能够带来捐赠的增长和长期留存捐赠人。

正如我们看到的那样，非营利组织有多大力量，取决于招募到多少高质量的捐赠人，特别是那些长期捐赠而非只捐一次的捐赠人。还有什么方法能做到这一点呢？另一种招募并留住捐赠人的方式是筹款活动。筹款活动旨在创造一种积极正面的印象，加深与捐赠人之间的关系，并与潜在捐赠人建立关系。当然，筹款活动的气氛应该与组织所要传达的信息相匹配。如果一家致力于为弱者和需要帮助的人提供服务的组织举办的筹款活动过于追求声势浩大，该组织想要向公众传达的信息就可能失焦。筹款活动的主旨是对外展示信誉、专业能力和威望，同时培养捐赠人对机构的归属感。捐赠人和访客（潜在捐赠人）应该得到个人层面的关注，让他们感到捐赠是有价值的。然而，组织筹款活动并不是一件小事，需要详细周密的计划。举办一次筹款活动，需要最大限度地关注机构管理和各部门之间的合作，在筹款、营销、公共关系、后勤等方面下功夫。

除了获得收入、加强与现有捐赠人的联系，并与潜在捐赠人建立初步联系以外，成功的筹款活动还能提高公众对机构活动的认知，提升机构雇员的士气，扩大机构的影响范围。因此，可以说筹款中最重要的事情，就是在潜在捐赠人的心中树立信誉。捐赠人是聪明的、睿智的，他们能感觉到我们，感觉到我们开展社会行动的真正驱动力。随着时间的推移，虚假的信任将站不住脚。当我们对着手解决的社会问题充满激情时，当我们心怀纯粹动机而来时，当我们全心全意地相信正在推动的目标时，我们就会散发出令人信服和极有感染力的热情。这时，人们很难继续袖手旁观而不参与进来。

如此不懈的努力，使得奥法姆的理事会成员开始通过良性竞争来获得更多捐款，这与“作家的嫉妒增长智慧”是一个道理。理事会成员通过卖力筹款，加深了个人的责任感和对机构的“主人翁”意识。事实上，奥法姆在成立后的14年里，已经从以色列筹集了数千万新谢克尔，超过了年度预算计划的一半。这是一个巨大的成就，很少有以色列的非营利组织能够像我们这样感到自豪。值得注意的是，获得稳定的可持续的财务来源是机构成立时的目标之一。机构的成功得益于许多的“父亲”和“母亲”，例如奥法姆的第一位员工，波利·梅斯查尼（Poly Meschiany），她所投入的大量精力，是奥法姆在筹款方面卓有成效的主要原因之一。

波利非常认同机构的理念，也对该理念充满热情，因此她决定加入机构，并且只拿象征性的薪水。在加入奥法姆之前，她从未筹集过任何捐款。但是，她身上的正直、诚信、专业和谦逊冲破了一切障碍，深深地打动了捐赠人。波利的热情和对组织目标的完全认同，感染了许多人加入这项事业。波利领导筹款工作长达七年，构建了机构的筹款基础。她在此后的三年里担任奥法姆的首席执行官。因此，无论我们怎样强调她的重要贡献都不为过，每个人都称她为“奥法姆之母”。

第六章　其他收入来源

没有一种财富比得上健康，没有一种快乐比得上一颗善良的心。

——拉比·什洛莫·伊本·加比罗尔

（Rabbi Shlomo Ibn Gabirol）

一、商业和企业捐赠

非营利组织的另一个重要筹款来源是商业和企业。不久前，社会责任还主要是由政府和非营利组织一起承担，而商业企业几乎完全专注于经济领域。直到最近，有关“企业社会责任”的声明印证了经济学家米尔顿·弗里德曼（Milton Friedman）的说法：“企业有且只有一个责任——运用其资源并从事商业活动，以获取利润最大化，从而能够长期处在游戏规则之中。”[1]

1992年，在巴西里约热内卢举行的联合国环境与发展大会（United Nations Conference on Environment and Development）上，商业部门的代表第一次参加会议，这意味着企业履行责任的方式发生了变化。这次会议为跨国公司和本地企业自愿报告其社会和环境影响力奠定了初步基础。2001年7月，欧盟委员会（European Commission）规定，履行企业责任是建立在自愿基础上的。自愿原则使得企业能够基于自身业务和竞争的考虑，自由选择履行适合自己的社会企业责任。[2]按照该原则运作的企业将其社会责任活动视为公益和慈善。一些企业认为，只要每年拿出一定数额进行捐赠回报社会，便是履行了他们全部的社会责任。而一种更进步的社会责任观则认为，真正的企业社会责任并不是利他主义和善意的事，而必须与企业的核心业务相关。这一观念的基本观点是，企业必须在产品开发和服务供应的早期阶段，就考虑到其活动对社会、环境和经济的影响。[3]

近年来，商业和企业的社会责任已经从一种意识形态和自愿概念，转变为一种社会对商业组织有所期待的必要现实。这种观念认为，商业和企业通过展示其社会责任，有能力在实现对股东盈利承诺的同时创造一个更美好的世界，有能力管理和维护其他利益相关方（如员工、供应商、消费者、社区和环境）的利益。[4]企业社会责任的要求是一种行为规范，这种行为规范比法律对企业的要求更具强制性——企业偏离道德规范的行为，将有损于企业作为经营单位的形象。[5]这个问题在2014年12月欧盟批准的一项新政中有了答案，即欧盟指令/2014/95（Directive EU/ 2014/ 95）。截至2017年，该指令要求约6 000家公司（如上市公司、银行和保险公司）雇用超过500名员工，并且要被认定为公共利益实体——这就需要公司每年报告其活动以及对环境和社会的影响。

20世纪90年代末，以色列对有关以色列企业社会活动的两项立法进行了更新，鼓励企业履行社会责任。第一步，是更新了《公司法》（5759-1999）中"企业宗旨"一节。新法案允许企业向有价值的社会公益事业进行捐赠，不过这种捐赠不作为企业商业考量的一部分。新法案为企业参与慈善事业提供了合法性的授权，并鼓励捐赠。鼓励慈善事业并使之制度化的第二步，是颁布2001年的《证券条例》（Securities Regulations）修正案。该修正案规定，以色列的上市公司必须在其财务报表中增加对其慈善捐赠的描述。[6]然而，这些立法的更新，使得企业社会责任成为以色列企业自愿履行的范围，由其自行决定。政府也曾起草过要求企业提交年度企业社会责任报告的提案，但最终未获通过。今天，以色列企业依然没有提交企业社会责任报告的义务，据我所知，这件事甚至不在以色列议会的议程上。[7]这就是为什么在以色列只有很少的企业会在其财务报告中公布他们的社会活动。例如，2015年，在以色列一共发布了20份企业社会责任报告。与2014年的28份报告相比，这一数字下降了约30%；但与2013年的18份报告相比，这一数字又略有上升。[8]

然而，由于以色列经济近年来所经历的政治和社会变化，部分工商界人士对企业社会责任的看法发生了转变。随着私有化、自由化、放松管制及全球化进程、福利国家的萎缩以及不平等问题的凸显，民间社会组织和社会活动家的注意力开始转向商业公司的社会活动，也使得人们对企业需要承担社会责任的要求越来越高。[9]

玛拉（Maala）是以色列最重要的基础平台机构之一，自1998年成立以来一直积极致力于提高商界对于企业责任在一般社会结构中重要性的认知。玛拉是一个伞形组织，由大约110家在以色列经济中处于领先地位的公司组成，旨在促进以色列的企业责任以及制定责任制的管理标准。为了提高以色列企业的责任意识，玛拉为企业领导人举办年度企业责任会议，为商界领袖、公共部门决策者和社会及环境机构负责人搭建一个社会－经济舞台。该组织还建立了企业责任指数“玛拉指数”（Maala Index），开办企业责任管理培训班，将企业责任管理作为一个专业来看待。玛拉指数使得以色列能够依据一定的标准和规范，每年对企业进行评价排名、绘制差距图，并提出改进目标。排名的规则由独立的公共委员会制定，该委员会是由专家、学者、社会和环境组织负责人以及商界代表组成的。[10]

近年来，以色列的商业和企业捐赠的金额，占到全国非营利组织接收捐赠总额的27%。在美国，企业捐赠总额仅占非营利组织接收捐赠总额的5%。以色列企业向非营利组织捐赠的比例高于美国，原因是以色列的基金会文化（家庭、私人和企业）仍处于起步阶段。因此，大量的以色列企业家通过其公司进行捐赠。而在基金会文化高度发达的美国，许多企业家建立基金会，并通过基金会进行捐赠。因此，美国非营利组织的捐赠总额中，约有16%来自基金会；而在以色列，仅有的几家基金会提供的捐赠，只占非营利组织捐赠总额的一小部分。另一种看待企业和基金会向非营利组织捐赠的方式，与GDP有关：2014年，以色列的企业和基金会向非营利组织的捐款额约为17亿新谢克尔，约占以色列GDP的0.019%。相比之下，美国的企业和基金会向非营利组织的捐款额约为760亿美元，约占美国GDP的0.43%。中央统计局关于以色列向非营利组织捐赠规模的数据显示，以色列企业的捐赠状况不太乐观；向非营利组织的捐款绝大多数来自国内家庭和海外。[11]考虑到经济的增长和蓬勃发展的高科技产业，这一点尤其令人惊讶。以色列高科技产业的发展造就了一批能够产生社会影响的年轻富豪，而这些企业缺乏为社会上的弱者和穷人采取社会行动的奉献精神，甚至从中赚取巨额利润，这种行为是非常不妥的。公司利润在飞速增长，但公司的管理者对社会不理不睬，这种状况不应该长期继续下去。

我们已经注意到，虽然以色列的企业没有义务报告其社会活动，但很多公司每年都会拨出一部分利润，用来支持非营利组织的工作。在以色列，大多数公司的企业社会责任并不是战略性的——战略性意味着为公益慈善而非其他目的而捐赠。许多人将企业社会责任视为公共关系的一部分，对于这些企业来说，重要的是他们的社会贡献能够得到大众的回应。企业经常就他们的捐赠提出条件，这些条件与作为捐赠接收方的非营利组织宗旨或有冲突。然而，尽管接受捐赠的诱惑很大，忠于非营利组织的愿景和使命却更为重要。

2015年，一家行业领先的以色列企业选择奥法姆作为其旗舰组织，提出将每年捐赠100万新谢克尔以提供为期十年的支持。这样的捐款在以色列非常罕见。如果捐款落实，那么它将成为奥法姆重要的经济支柱，省去了大量的筹款精力。为此，奥法姆成立了以首席执行官为首的谈判团队，专门负责就捐赠条件与这家企业进行谈判。但是，令人非常失望的是，作为捐赠条件，这家企业坚持要求奥法姆改变其基本的活动模式。奥法姆坚持每周为固定的儿童群体提供服务并陪伴他们多年，此举限制了活动能够覆盖的儿童数量，但对儿童的影响更深刻。这家企业则要求改变这种活动模式，改为每周都面向新的儿童群体进行单次会面，使得看上去在这家企业的帮助下，奥法姆能够“影响”更多儿童。我们也声明了自己的理由，单次会面是无效的，想要对孩子们产生深刻、真正的影响，就必须对他们进行长期引导。但这种说法被置若罔闻。这家企业只想将捐款作为其公关活动的一部分，却没有看到奥法姆成立时为儿童服务的宗旨。为了保持对组织目标的忠诚，我们不得不拒绝这家企业，放弃这一难得的长期捐赠。

正如我们所提到的，很少有企业会将社会责任视为其业务核心的一部分。许多捐赠企业要求他们的员工做志愿者，参与到所捐助的非营利组织的工作中，一些企业甚至将此作为捐赠的先决条件。虽然这一要求背后的意图是良好和积极的，但是，这种情况对于那些在远离企业办公地点开展业务的非营利组织以及由专业人员而非志愿者开展活动的非营利组织来说，却是一个障碍。

对于一家新成立的非营利组织来说，除非他们与企业决策者关系良好，否则要从一家以色列公司那里获得捐赠的可能性微乎其微。非营利组织的知名度越高，越容易吸引捐赠企业的注意。奥法姆理事会成员的密集活动向以色列经济的高层管理者们敞开了大门，因此赢得了大部分以色列最大、最知名企业的支持。而奥法姆的知名度越高，企业就越愿意捐赠。一般来说，企业更容易向知名度高的非营利组织捐款。这样的结果是，多数大型企业“包养”了某一知名度很高的组织，并提供其捐款的绝大部分，而剩余的资金再通过捐赠分配到其他几家非营利组织。举个例子，2014年以色列鲁米银行（Bank Leumi）的捐款总额约为3 000万新谢克尔，占该银行当年税前利润的1.07%，主要用于提供赞助和实现社区目标。这笔捐款最终被分配到了230个组织，而其中，鲁米银行的旗舰非营利组织阿尔莱（Aharai）得到了1 200万新谢克尔的捐款。

事实上，大多数捐赠企业在战略上并没有认清他们的社会责任，这使得他们对非营利组织的支持每隔几年就会发生改变。如此这般就造成了非营利组织运营的不稳定性，使得他们每年都要寻找新的资金来源。对非营利组织和捐赠企业来说，选择个别能够代表企业价值的非营利组织并与之长期合作，是最合适也是收益率最高的方式。对于非营利组织来说，长期的投入度是其重要支柱，能够确保机构的财务稳定。而对于企业来说，长期的投入是深入了解非营利组织活动的机会，企业可以影响它，并成为它生命中重要的一部分。

二、配　捐

过去十年中，在以色列为社会倡议筹款的情况也发生了巨大变化。

过去，许多非营利组织主要依赖海外捐赠；而今天，来自海外的机构和捐赠人变得更有好奇心，也更加细致，希望与以色列在慈善事业上寻求伙伴关系。“配捐”（matching）这一概念，在以色列及其他国家的资助伙伴关系中已经非常普遍，在很多时候，它也是非营利组织能够接受海外捐助的一个先决条件。这类资助关系对捐赠方和非营利组织都有诸多好处。鉴于以色列在最近几十年已经积累了大量资金，有人认为，实现以色列社会变革倡议可以以海外捐赠为基础，而不必努力从以色列本国吸纳捐赠人。这种想法可以说不仅带有侮辱性质，也是非常不恰当的。以色列人参与一项地方社会倡议，首先是一种团结和社会责任的表现，其次也能证明这项倡议的重要性和必要性。此外，当地捐赠人对社会倡议项目的参与，也能在一定程度上引导项目的实施。理解以色列社会深层的文化传统，有助于当地捐赠人密切监测项目管理的情况。另一方面，海外捐赠人只是偶尔到访以色列，并不熟悉以色列的文化，因此他们更难监测项目管理的情况。海外捐赠人还认为，只有那些主要由以色列人捐助的社会倡议，所提出的资助要求才是真实合理的。

资助双方的伙伴关系，也促成了双方在确定社会倡议的长期、短期目标方面的合作，使得捐赠人和社会创业家之间的关系更加健康。筹款概念的变化要求社会行动向募集本国捐款的方向努力，这种观念也更受人们欢迎。这是因为，通过招募更多的以色列人加入社会行动，我们能够促进以色列内部团结，增加社会参与，也间接地促进非营利组织的有效管理。

在奥法姆，我们为自己定了两个主要的长期目标：一是为以色列偏远的、社会经济薄弱的地区的儿童赋能，促进他们的发展；二是培育团结一致、积极投身社会行动的圈子。对我们来说，这两个目标同等重要。为了实现第二个长期目标，我们为自己设定了一个短期目标，现在回想起来，这个任务似乎很有野心：在以色列和海外捐赠人之间建立完全的伙伴关系从而资助这个项目——也就是说，项目50%的资金来自以色列，50%的资金来自国外。为了说明实现这一目标的重要性以及与之相关的紧迫性，我们把它列在机构文件的中心位置，并注入奥法姆的组织文化中。每一位员工、捐赠人，以及任何与奥法姆有过接触的人，都知道这是组织的中心目标。在实施这项重要目标的过程中，产生了许多积极的附带结果，这些也是支持伙伴关系发展的基本思想。正因为从以色列获得资金是一项需要扎实进行实地工作的事，因此它也会在社会上泛起社会团结和责任的新涟漪。

只有在以色列有过筹款经验的人才知道，我们给自己设定的目标有多困难，几乎是不可能实现的。毫无疑问，在以色列本国筹款的问题上，我们显得太天真了，但有时我们似乎又必须保持那么一点天真，才能设定非常高的目标。机构预算的一半必须来自以色列的事实，迫使我们思考一个彻底、详细的在以色列筹款的计划。此外，机构在早期的扩张，正是我们有能力筹集本地资金的结果。让更多以色列人参与偏远地区儿童的教育——这项任务的意义令我们感到兴奋，也推动着我们努力实现这一目标。为实现这一目标，理事会成员做出绝对承诺，就是对该使命的完全投入和奉献。除了实现在以色列筹到捐款预算的一半这一雄心勃勃的目标之外，我个人认为，奥法姆的成就主要在于，它成功地让更多以色列人参与到了奉献和社会行动中来。

人际关系是成功筹款的关键。就像在商界达成交易一样，公益慈善界的捐赠也取决于人际关系和各方之间的信任。几乎所有的大额捐赠人都表示，他们非常重视对非营利组织领导人的信任。尤其是向大型机构的捐赠，通常涉及机构与捐赠人之间基本的个人联系。例如，我们可以合理地假设，捐赠人或他的家庭成员曾就读于某所大学，曾在同一家医院住院，或曾出席博物馆的展览。这些大型机构的核心专业人员都受过良好培训，在将个人关系转化为大额捐赠方面具有高超技能。因此，无论是个人还是机构，通过私人关系与潜在捐赠人接触，都会大大增加获得捐赠的机会。

另一方面，在中小型社会活动、特别是那些被定义为“慈善和志愿服务”的活动中，捐赠人与活动主旨（如为饥饿的人提供食物、保护野生动物、促进儿童受教育）之间可能存在联系[12]。在这些社会活动中，非营利组织的愿景和理念，以及领导者的人脉和说服力，都是成功筹款的重要因素。事实上，奥法姆是为数不多的利用创新和有吸引力的手段向小城及偏远地区的儿童提供科学教育和教育赋能的组织之一。这一事实也让许多以色列捐赠人打开了他们的心和口袋。

在以色列，非营利组织中的很大一部分都会与当地有名的富人们进行接触：大约15~20个最富裕的家庭会定期捐赠。这些家庭已经收到了大量的捐赠请求，这使得其他非营利组织投递的新的捐赠请求几乎没有机会成功。此外，几乎所有的富裕家庭都与特定的非营利组织有联系，他们每年捐出大部分钱给这家组织，这使得新的非营利组织几乎没有机会从这个家庭获得其他任何形式的捐赠。奥法姆专注于招募年轻的商业人士作为捐赠人，他们主要来自高科技行业，并已经积累了中等规模的财富。这些商业人士并不是很多非营利组织的目标，因此筹款竞争也不会太激烈。这些年轻的商业人士能够轻易地认同奥法姆的愿景，并为机构带来新的想法和能量，他们也会招募他们的朋友成为捐赠人。完成这些捐赠人的招募需要付出巨大的努力和时间。各组织、机构和个人捐赠人之所以向筹款小组敞开大门，理事会成员的努力是至关重要的。

人们并不是向机构捐款，而是向人捐款——尤其是那些他们信任，并且相信其背后动机的人。因此，筹款的过程通常从"朋友劝募"开始，了解这些人需要投入时间和资本。你与他越熟悉、越亲近，获得支持的机会也就越大。许多来自美国的奥法姆支持者，后来都变成了我和我家人的亲密朋友，这要感谢我的妻子和家人对这项工作的全力支持。我们家是十分开放的，也经常接待许多朋友——他们都是奥法姆的捐赠人。在夏天，特别是安息日的晚上，当许多奥法姆的支持者与家人访问以色列时，我们家就成为一个定期聚会的场所。这些私人交流都在充满温暖和爱的家庭氛围中进行，而这种氛围正是建立真正友情的沃土。我们之间的友情建立在共同价值观的基础之上，这些价值观在社会行动中非常重要，也完全契合奥法姆的目标。如今，奥法姆在很大程度上成为我和许多好朋友之间的纽带。

奥法姆的董事会和工作人员在以色列所做的巨大努力，促使奥法姆的美国朋友们加深了对机构的承诺。他们认识到，当我们请求他们敞开心和口袋时，我们的手是干净的。他们把自己看作努力改变以色列社会面貌的奥法姆真正的伙伴，哪怕这种改变只是在一点一点地发生。

三、建立筹款支柱

我们除了从年轻的商界人士处筹款，还寻找了在机构筹款方面形成经济支柱的方式。建立筹款支柱，是指建立一个常规的、长期的捐赠基础。为了在以色列筹集到预算的50% 而每年举办的“西西弗斯竞赛”（the Sisyphean race）已经令人精疲力竭，而且逐年变得更加困难。每家非营利组织都必须想办法找到适合自身和本机构活动的经济支柱。

奥法姆经过三年在偏远地区的运营，收到了来自地区委员会和参加活动的家长的非常积极的反馈。因此我们决定尝试做一些大胆的事情，请求这些地区委员会参与到为奥法姆在该地区开展活动筹集资金的行动中来。做出这个决定并不容易，因为我们知道，大多数地区委员会的社会经济地位较低，筹集资金对他们而言并不容易。促成这一决定有两个原因：一是，许多地区委员会对奥法姆的活动有较高的需求，他们要求我们将活动扩大到其管辖区域。这对我们来说当然是非常重要的反馈，它让我们相信，我们所提供的服务十分重要，而且是被需要的。然而，我们想要审视并确保有这样巨大的需求并不仅仅是因为他们可以从我们的活动中得到全额补贴。我们想要知道，我们的活动对于他们来说是否足够重要、他们是否会同意参与进来，哪怕只是筹集一小部分资金。二是，我们想要建立一个经济支柱，也就是由地区委员会参与并承担一部分的活动费用，这将构成奥法姆的一项固定收入，减少奥法姆每年的筹款负担。

因此，鉴于我们与各地区委员会领导人建立了良好的关系，我们开始了一轮邀请他们加入这项工作的谈判。刚开始，我们要求他们参与筹集活动成本的5%。令人感到惊喜的是，我们没有遭遇多少阻碍便获得了我们所运作的全部地区委员会的同意，他们将参与到为活动提供资金的行动中来。尽管我们要求他们参与资助这些活动，地区委员会对奥法姆各项活动的需求仍然很大，甚至有所增加。鉴于此，几年下来我们把地区委员会的资金筹集要求从活动成本的5% 提高到近20%。除了确认奥法姆活动的必要性外，各地方政府参与活动筹款，构成了我们的一个重要的经济支柱，减轻了我们的筹款负担。在我们成功地建立了这个筹款支柱后，我们还继续寻求更多的经济支柱，来进一步减轻机构在以色列筹集资金的压力。我们其他成功的筹款支柱还包括，每个理事会成员的承诺——每年获得或提供50 000新谢克尔；以及奥法姆之友的成立，其成员承诺连续五年每年捐赠1 000新谢克尔。非营利组织获得经济支柱并不容易，这需要非常认真的考量，投入大量、持续的努力，但一旦获得则有助于建立稳定的资金基础。

如上所述，以色列的捐赠者（如机构、基金会和个人等）所面临的问题之一是，他们希望将自己的捐款分配给尽可能多的非营利组织。因此，随着时间的推移，大多数捐赠者不会仅向同一个非营利组织捐款，每隔几年他们就会选择向其他非营利组织进行捐款。当我们再次寻求捐款时，得到的答案不止一次是："去年我给你们捐款了，今年我要给另一个非营利组织捐款。"这种捐赠方式导致许多非营利组织的财务不稳定，迫使他们每年都要重新着手去寻找新的资金来源。除了来自以色列的资金来源的确有限这一现实之外，这一现象给许多非营利组织造成了财政困难，经常导致机构活动停摆。像机构、基金会和个人这样的捐赠者，必须找到长期支持他们的战略伙伴，直到他们能够另外建立强大而稳定的经济基础。

积极的领导力、高度的社会使命感，以及为支持捐赠人和潜在捐赠人而建立的完善的社会基础，使得捐赠人的人数上升，捐款额也显著增加。社会领导力对我而言的完美事例，也是我因社会参与而收到的最美妙的礼物之一，就是与保罗·西尔伯格（Paul Silberberg）先生的相识。保罗是美国犹太人慈善事业的领袖，他是一个很特别的人，受使命驱使，终其一生都在为他人发声——他具备真正的君子和犹太复国主义者的灵魂。我们第一次见面是在1999年年初，当时我们帮助家得宝的创始人伯尼·马库斯推广他所支持的以色列民主研究所。我从来没有遇到过像保罗这样的正派、德行出众、友好、充满使命感的人。

保罗是CMS公司最早的负责人之一，担任该公司总裁约40年时间。该公司在鼎盛时期雇用了120名员工，运营规模涵盖约120亿美元的资产和约60亿美元的人寿保险。这家公司专注于与成功企业家建立关系。除了在其领域内是一家特别成功的公司外，它的独特之处还在于深厚的社会责任感。CMS的观点是，世界是由两类人组成的：矿工和农民。矿工从世界中索取，而农民从世界中索取并回馈给世界。CMS选择客户、合作伙伴和员工时总带着虔诚之心——只选择那些有农民本性之人。公司所有的员工都参与到社会活动中。而保罗本人是叶敏奥德友好服务组织（Friends of Yemin Orde）的理事会成员。在他的鼓励下，我也加入了该组织在美国的理事会。

回到以色列后，我加入了叶敏奥德青年村的理事会，之后又担任了三年叶敏奥德教育计划的主席。从1999年到2008年，保罗领导了青年村的筹款活动。在那些年里，保罗成功地为青年村筹集到了8 000万美元的资金。保罗的领导力也树立了个人榜样；在求助于捐赠人之前，他自己会先慷慨解囊。他敞开心扉，招募了他的家庭和家人，将钱捐给了他所信仰的事业。

我经常和保罗一起参加筹款活动，每次都因为他而激动不已，因为他有能力让人们认同他所倡导的目标。保罗的魅力在于他所传递出的可靠性，和他对这项事业的全情投入。他以愉快、友好和专业的方式与捐赠人接触，加上他所表现出的信誉和正直，使捐赠人成了他的好朋友，很多捐赠人竭尽全力地想成为他在社会行动中的伙伴。因此，当我们创建奥法姆时，我接触的第一个人是保罗也就不足为奇了。我向他寻求帮助和建议。保罗对这个想法很感兴趣，并承诺招募 CMS 的合作伙伴，为奥法姆的一个早期项目提供资金。此外，保罗还同意加入美国奥法姆之友理事会，该组织是在此之前几个月成立的。他的加入极大地促进了我们机构的发展，并使我和以色列奥法姆的运营团队充满信心。我因为保罗的加入感到双重喜悦；除了为机构带来的巨大力量外，还令我感到高兴的是，即使在我回到以色列之后，我仍然与这个了不起的人定期保持联系。

在我回到以色列后的最初几年里，我们都是叶敏奥德和奥法姆的理事会成员。2008年，在保罗成功地完成了他的筹款活动、实现了筹集8 000万美元的惊人目标后，他决定从美国叶敏奥德之友的理事会退休。退休后，保罗收到了许多希望他再领导各种美国社会运动的邀请。有一次我们在科罗拉多一同度假，在游览一个滑雪胜地时，我抓住缆车正悬于空中的机会，恳求他承担美国奥法姆之友的主席。保罗一开始很惊讶，但是经过我反复恳求，他最终同意了。这也是我相信奥法姆一定会成功的原因。在我们达成的君子协议中，有一部分提到，我每年至少访问美国两次，每次为期一周，帮助奥法姆之友在美国筹集资金。

与保罗一起工作，在很多方面对我来说都非常有启发性。在我的职业生涯中，我曾与许多非常专业的人一起工作，但我从来没有见过像保罗这样全面和专业的人。他对每件事都细致考虑，每次会议前都精心准备，绝不会留下任何疏漏。他的绝对承诺和巨大投入让我兴奋不已。他招募了他的整个家庭、公司和员工，以及他所有的朋友。紧凑的会议从早上7点开始，经常在午夜之后才结束。我们昼夜不停地研究美国的筹款市场。每次我从美国访问回来都筋疲力尽，但能和他在一起，我感到很荣幸。

保罗私下认识很多美国的商界领袖，这是非常罕见的。令人惊奇的是，无论我们走到哪里，人们即便知道他来访的目的，也很高兴见到他。他以优雅、愉快和幽默的口吻传达机构的信息，加上他所传递出的高度投入和绝对信任，使他的对话者别无选择，只能加入这项工作。保罗还以他独特的方式，鞭策并激励其他奥法姆之友的理事会成员扩大捐赠人的圈子。保罗与捐赠人的关系是持续的，其中大多数人也是他的朋友。他与人保持联系的方式，应该被列入教科书。他会记录下每一次会议的所有细节。他指派任务并跟踪它们，直到任务完成。我每天都会收到他发来的几十封关于奥法姆的电子邮件。在他看来，理事会设定的筹款目标是非常神圣的，为了实现这些目标，必须采取一切行动。在保罗担任美国奥法姆之友主席的七年中，我们从未遇到无法实现在美国的筹款目标的情况。除此之外，奥法姆每年还享受着来自保罗家庭的慷慨的捐款。

我至今还不明白保罗是如何在经营自己的公司和养家糊口之外做到这一点的。他对奥法姆的孩子们付出了深刻而真诚的关心和关爱——在他看来，他们都是他的孩子。绝大多数奥法姆的孩子并不认识保罗，但我一直知道，他们是得到保罗照顾的幸运儿。我和他在一起的时间，既让我从他身上学到许多很棒的经验，也造就了我们之间深厚而独特的友谊。他成了我的哥哥——我心甘情愿认他作哥哥。

在保罗所著的《道德企业家：在不出卖灵魂的情况下获得商业成功》（*The Ethical Entrepreneur: Succeeding in Business without Selling Your Soul*）一书中，他展示了自己在筹款活动中的“十诫”[13]。保罗补充说，这些规则不是刻在石头上一成不变的，每个人都应该根据自己的需要进行调整。我有幸见证了这些规则的实施，知道它们是多么有效，因此我在这里呈现这“十诫”：

1. 明确你的任务。总会有其他任务和压力从不同方向而来，但不要模糊信息。

2. 记住，人们是向人捐赠。人们会在有危机或痛苦时做出反应，也会对机会做出反应，但最重要的是，人们会对人做出反应。

3. 明确你产生的影响。我们都想产生某种影响并留下印记。因此你要推动一个伟大的愿景并呼吁真正的变革。

4. 公开你的目标。设定可以实现的、高远的目标，拥有一个远大梦想。重要的不是金钱，而是你想要达到的目标。

5. 实现目标的过程中将任务细化。把你的目标分解成若干小任务。如果你的目标很大，那么你可能无法独自实现它。分散权力和责任以完成任务。

6. 设定截止日期，并发送报告。每个人都需要最后期限。要设置优先级，你就必须在整个筹款活动中设定截止日期。

7. 培养并更新你的捐赠人名单，并定期提交给你的筹款团队。同时，要不时地把它发送给所有的捐赠人和潜在捐赠人。

8. 设立一个捐赠挑战。捐赠挑战是撬动捐赠杠杆的最有效的方式。

9. 专注于结交朋友。成功的捐赠人招募活动，是与潜在捐赠人建立密切联系的过程，其目标是建立捐赠人和机构之间的亲密长久的关系。因此，首先要集中精力找到朋友。

10. 主动去要。成功筹款最重要的方法，就是去要。杰洛德·帕纳斯（Jerold Panas）在他的《巨额礼物》（*Mega Gifts*）一书中写道："许多原则都很重要，但其中最重要的是：你必须主动索要捐赠。这似乎太过于基础了，以致往往被忽视。舌头变得又重又厚，双手冒汗。但每个营销人员都知道这不可避免——你必须去要这份订单。这是最大的诫条。"

四、海外捐赠

如前所述，以色列非营利组织最重要的捐款来源是海外，主要来自美国。以色列在接受美国基金会资助的国家中排名第九。很难想象，如果没有来自海外的慈善家，尤其是犹太慈善家持续不断地倾囊支持，以色列的慈善事业会是什么样子。以色列是世界上最大的慈善基金输入国之一。[14] 尽管以色列是一个发达的西方国家，但它的慈善活动超越了主要针对发展中国家的通常意义上的跨国慈善模式。向其他西方国家提供的大部分资金，是助力那些在发展中国家开展业务的国际组织和国际援助，但提供给以色列的大部分资金是用于以色列内部的需要。[15]

海外捐赠额占以色列非营利组织捐赠收入总额的比例从2006年的67%下降到2011年的60%。[16][17]尽管海外捐赠额有所下降，但它仍占以色列非营利组织接收的总捐赠额的一大部分。这就是为什么大多数以色列的非营利组织、公共服务机构和国家机构主要依靠来自国外的捐款；公共服务机构和国家机构在国外设有办事处，并聘请专业的筹款人员。这些机构，尤其是大型非营利组织会在世界各地运营“××之友”团体，商人和大捐赠人都集中在那里。“××之友”团体的作用是提高认知，并为它们所推动的机构实体招募捐赠人。

以色列的非营利组织要在国外建立“××之友”团体，就需要拿出十足的劲头，同时运用许多资源以及良好的海外关系。这就是为什么中小型组织很少有这样的“××之友”团体。然而，如果缺少正式的且有影响力的海外机构，筹款就极其困难。当然，海外慈善基金会在以色列也会有其代表机构，向各种非营利组织捐款。此外，许多非营利组织偶尔会派代表参加海外筹款活动，但若想从海外获得大笔捐款，就需要建立稳定、长久的“××之友”团体。一个令人激动的想法、一个明确的愿景、具有影响世界的巨大潜力、一位值得信赖的领袖，以及一份能够清晰评估和评价本组织活动的计划，都能增加从海外招募捐赠人和支持者的机会。就像在以色列建立非营利组织理事会一样，在国外建立一个“××之友”团体同样需要一位令人振奋、有影响力的领导者。建立最初的核心“××之友”团体，需要领导者的个人关系，人们相信他并认同非营利组织的机构目标和愿景。与拥有财富及海外影响力的人建立联系，需要花费时间和持续的努力，但这些对于建立一个“××之友”团体来说必不可少。领导者的影响力越大、地位越高，就越容易吸引商界人士和其他有影响力的人加入“××之友”团体。在很多方面，在海外建立一个“××之友”团体，就像一家私营公司上市一样。“××之友”团体的成员成为机构的全面的合作伙伴，共同参与决定机构的短期和长期目标，甚至在一些时候参与机构管理。然而，为了建立真正的伙伴关系，非营利组织也必须谨慎选择最适合他们的捐赠人。与任何合作关系一样，在慈善合作关系中，捐赠人与接受捐赠的非营利组织之间有时也会产生意见分歧。如果捐赠人和非营利组织管理层之间没有完全信任的关系，这些意见分歧很可能是破坏性的。明智的捐赠人明白，他们对非营利组织的参与，必须建立在与该组织主要人员完全信任的基础上——这种信任是任何协议都不可匹敌的。只有当这些捐赠人接受各种意见的存在，不把他们的意愿强加于机构，他们才能产生领导力和思想力，推动机构向着积极的方向改变。在捐赠人、“××之友”团体成员和非营利组织之间建立相互信任，需要持续不断的努力。当然，与海外捐赠人和支持者合作，还需要充分的透明、专业的报告和监管程序。

大约在奥法姆成立一年之后，奥法姆在梅尔哈文地区委员会的试点项目取得成功，我们也决定此时在美国开设奥法姆之友。我和朋友们用英语准备材料，并将其改编成适合美国受众的版本。我们必须考虑非营利组织所传递的信息、愿景和核心价值观。我们用明确的、可量化的术语定义我们想要实现的目标。2005年，我向一位在美国为我公司担任多年律师的朋友寻求帮助和建议。亨利·李维（Henry Levi）律师是一位聪明的犹太人，也是一位杰出的商业律师。他当即接受了这一挑战，在完全无偿的条件下投入此事。在此之前，亨利与以色列几乎没有什么接触，但令我惊讶的是，他竟然立即接受了这个想法。他按照美国法律的要求，完成了成立奥法姆之友的所有注册手续。他甚至成功地招募了一名会计师，并使新机构获得了美国国税局（IRS）公共慈善机构的认证，拥有了接受捐赠的资格（501c［3］）——这一切都是在他完全自愿行动的基础上完成的。机构成立后，亨利很高兴我邀请他成为奥法姆之友的理事会成员。

作为一名顶尖的专业人员，亨利决定访问以色列，近距离看一看他所代表的机构的活动。这是亨利第一次来到以色列，这也点燃了他心中古老的火花，让他对此次访问更加全情投入。尽管表面上他与以色列几童产生的连接以及他对奥法姆的承诺是早在他来到以色列之前就存在的，但是，这次访问使得奥法姆的使命真正地变成了他的一项使命。多年来，亨利一直担任奥法姆之友的秘书兼律师，完全出于志愿精神提供专业服务。虽然我和亨利在商界共事超过15年，但我们之间真正亲密的友谊，是在亨利为奥法姆做志愿者的那些年里发展和深化的。纯粹出于自愿的、没有经济利益的合作，才是真正的友谊的沃土。2011年，亨利因一场重病去世。在我们最后一次谈话中他说道，他一生中做过的最重要、最有意义的事情之一，就是与奥法姆的孩子们打交道。他在专业领域取得了巨大成就，但他特意跟我强调了他为以色列人所做的一切是他生命中的一部分，这令我备感温暖。

每一次与像亨利一样的奥法姆的朋友们一起工作，都让我感动和兴奋；这些美好而特别的人对以色列儿童抱有绝对的投入、深切而真挚的关怀和真诚的关心，我们不能将之视为理所当然的事。他们对于那些素未谋面的孩子们的真诚、纯洁和特殊的奉献，是人类精神信仰的生动见证。诗人萨乌尔·切尔尼霍夫斯基（Shaul Tchernichovsky）曾这样写道："因为我仍然相信人类，相信他的精神，相信他的力量。"亨利去世后，为了纪念他，奥法姆之友理事会的成员与朋友一起建立了一个实验室，并为奥法姆的孩子们配备了最先进的科技设施。作为以色列奥法姆的正式合作伙伴，奥法姆之友的建立将永远归功于亨利。

整个世界的犹太人正在经历许多变化，尤其是美国犹太人。这些变化使得以色列所获捐赠进一步减少。世界上年轻一代的犹太人对以色列的投入感不像他们的父母那样坚定。他们父母那一代人亲身经历了大屠杀，目睹了以色列建国的过程，同以色列有着深厚的感情纽带。在那一代人心目中，国是幸存者和难民的家园。动员大家来巩固这个年轻的国家，是一项至高无上的责任。而今天，世界上很大一部分年轻一代的犹太人已经失去了这种认同感，他们将以色列看作一个强大的发达国家，相比他们的父母，对于以色列更多是怀疑和批判。对于许多人来说，"修复世界"的目标不再局限于以色列，而是全世界。此外，很大一部分年轻一代都通过地方机构和社区捐款，旨在加强犹太人的身份认同。此外，近几十年随着以色列经济体量和财富积累的不断扩大，也减轻了全世界犹太人向以色列捐款的压力。

许多年前，我的一位朋友，美国著名的犹太慈善家、奥法姆的第一个捐赠人告诉我，当他第一次来到以色列的新机场——本·古里安机场时，他立刻感觉到“以色列犯了一个严重的错误”。据他说，每当他降落在那个破败不堪的旧机场时，他都“强烈地感到有必要拿出支票簿，写张支票捐给需要帮助的以色列”。而现在，以色列已经拥有一个比美国许多机场更新、质量更好、更豪华的机场，他觉得富裕的以色列不再需要他的捐赠了。

世界上犹太人捐赠模式的变化，与老牌移民社区的全球捐赠模式的变化是一致的。许多捐赠企业、社区和个人，在过去曾为某一特定民族或国家捐赠支持其项目，但这些捐赠行为仅是出于他们的责任感，并不能满足他们其他方面的需求，因此这些捐赠方现在会转而支持更多不一定属于同一民族的贫困社区。在捐赠全球化背景下，捐赠人的指导原则是，对于不同地域和国家的人民的需求抱有开放的和普适的看法；对于种族群体的忠诚感，正在被解决无种族、无地域或无领土联系的普适需求取代。

全球化的慈善包含了跨国捐赠、特别资助、“实物”捐赠，以及支持和响应各种国际需要而开展的志愿服务。慈善、汇款和私人资本投资，是跨国资金的三大来源。2010年，全球跨国汇款总额达5 750亿美元。这一数字是政府开发援助（Official Development Assistance）的4倍，政府开发援助当年的资助总额为1 280亿美元。除此之外，全球化的慈善正在寻找新的其他捐赠渠道，目标是开发具有创新性、突破性并打破常规的想法、计划和项目。[18] 如上所述，散居在外的年轻一代犹太人与新兴的全球化的捐赠人相比，并没有什么不同。因此，随着年轻一代散居海外的犹太人与以色列之间情感纽带的松解，以及以色列经济形势的改善，来自海外的捐赠将会不断减少。

五、服务收入和商业慈善收入

由于捐款来源有限并且竞争日趋激烈，因此，我们需要创新捐赠方法，提高收入来源的多样性。的确，回应现实并不简单，但在这种情况下我们能做些什么呢？事实证明，我们能做的非常多；降低对传统慈善事业依赖的方法之一，是通过提供服务获得收入。一般来说，法律并不禁止非营利组织或公共福利公司创造利润，但其主要活动必须是围绕促进非营利的目的而开展的。过去以色列政府对这一问题一向模棱两可，而之后，企业管理局（Corporations Authority）于2012年发布了《非营利组织注册处关于非营利组织从事商业活动的指引》。立法者理解非营利组织的筹款困难和依赖性，因此针对非营利组织或其发起的子机构的业务运营活动发布指导方针——只要活动在法律允许的范围内进行、有助于机构目标的达成，并且使资源得到了最优利用，这项活动就是被允许的，甚至是值得肯定的。[19]

许多非营利组织已经发展出了其独特的知识和技能。一方面，他们利用这些知识和技能可以产生收入，实现自身的经济独立，从而减少对捐赠的依赖。而另一方面，当非营利组织或其附属机构引入购买服务这一业务时，需要一种不同于非营利组织以往习惯的行为模式。想要依靠服务获取收入不但需要专业化，要达到商业领域的标准，还要重点考虑盈利和亏损问题。

从单纯的社会模式向带有商业元素的社会模式转变，改变了非营利组织的基因和语境。因此，尽管这一新模式具有种种优势和诱惑，能够缓解筹款竞赛的压力，但这种转变需要非营利组织用最大程度的谨慎和细致的态度来讨论和规划。看起来，面对日益增长的资源需求和争夺有限捐赠来源的巨大竞争压力，必然会导致更多的非营利组织朝着这一方向发展。在这一转变中，取得成功的关键是在保持非营利组织的基因和发展业务能力之间找到正确的平衡。非常重要的是，这种转型努力不应该影响机构自成立起对其主要社会目标的关注。

除了这一转变趋势之外，近期商业慈善在国际慈善领域特别是以色列也有了重要进展。商业慈善的发展，模糊了商业部门和第三部门之间的界限，以社会公益为目的的企业是将社会特性与商业模式相结合的创举。在这种商业与公益相结合的模式下，股东们选择开展慈善活动，并将利润中的一大部分用于企业社会目标的达成。

以色列立法者知晓第三部门对社会极其重要，因此他们给予非营利组织支持和认可，使其能够开发新的工具，将社会行动与商业活动结合起来。以色列法律对“社会商业”的定义是，“非营利组织或共益企业（public benefit corporation，PBC）目标的经营活动，并且（在业务活动中）实现机构自身的社会目标。在这种商业活动中，企业可以争取获得利润，但并不以利润最大化作为其社会目标”，或者“旨在实现社会目标，并且自身（业务活动）是为了实现社会目标，可以追求利润但并不以追求自身利润最大化为结果；企业章程对投资者收回利润额度（如果）设有限制，不得超过可分配利润的50%。该限制仅适用于在公司股东股权投资金额中提取利润的情况”。[20]

在世界上大多数发达国家，捐款是通过慈善基金会进行的。2014年，《以色列公司法》（Israeli Companies Law）进行了“第三次增编”，增编旨在为公共利益而设立的投资基金做出规定。[21]该增编为社会企业从公众筹募资金开辟了可能性。正如在商业资本市场中企业向公众筹集资金是为了以股票或债券来发展业务，社会商业在社会资本市场向公众筹集资金，以换取对其项目的部分所有权以及偿还部分投资的可能。对社会商业项目的投资能够使社会投资者对项目目标和行动产生影响。这些项目的优点在于通过有效的业务行为准则来管理项目。此外，社会商业项目不追求经济利益最大化，而是设法在社会目标和财务可持续的基本需要之间达成平衡。2015年年初，以色列启动了两支公益基金（public benefit fund）的招标工作，最终由中标的艾维翁（IVN）和多利斯（Dualis）设立了两支社会投资基金（Social Investment Fund）。国家向这两支投资基金拨款2 000万新谢克尔，作为回报，各基金会承诺自成立之日起，三年内将投入5 000万新谢克尔支持社会商业。

这项法律修正案将会如何影响分配给第三部门的资金，现在讨论看来还为时尚早。公众、投资基金和企业是否会对这一新的挑战做出反应？这一修正案是否会导致新的资金流向第三部门，或是分流专门向社会商业捐款的资金？毫无疑问，社会商业并不适合所有类型的社会活动。有许多特殊人群和特殊问题，必须在纯粹的慈善基础上才能得到解决。为了满足这些特殊需求，非营利组织将始终依赖捐赠和外界支持。

非营利组织最终的财务支柱，是那些为实现非营利组织的目标而设立的留本捐赠基金（endowment fund）。这类基金在美国更受欢迎。它的主要原理是，确保非营利组织从基金的利润中获得稳定收入，从而确保其在一段时间内财务的可持续性。对于那些非常重视非营利组织的捐赠人来说，他们希望确保该机构能够在之后多年继续存续，便会努力筹募足够的款项，使基金的年息（即投资收益）在每一年转作捐款，以供非营利机构运作。但是，留本捐赠基金需要捐赠人投入巨额的资金和郑重承诺。举例来说，如果要为一家年度预算为300万美元的非营利组织提供资金，需要设立一只1亿美元资金规模的留本捐赠基金（假设该基金的年利率为3%）。如果成功建立了这样的留本捐赠基金，那么除非这家机构决定扩展其活动从而使其经费需求超出该基金的年度收益，否则拥有留本捐赠基金的机构将不再需要担心筹款问题。为一支基金筹集如此巨额资金并不容易，一种常见的留本捐赠基金筹款方式是人寿保险保单捐赠。在这种情况下，非营利组织会请求捐赠人在购买人寿保险时，将机构登记为保单的身故受益人。捐赠人实际上每年照常支付保险费用，在其身故后，高额保险才会进入捐赠基金。

建立留本捐赠基金并不是一件小事，它需要对机构事业具有高投入度的捐赠人，并且机构要不断努力招募这类捐赠人。这就是为什么只有少数机构能够建立留本捐赠基金。有些捐赠人原则上不愿向留本捐赠基金捐款，因为他们认为，不需要努力筹款的非营利组织会有道德败坏和原地踏步的风险。另一方面，一些捐赠人认为，非营利组织经济上的可持续性是机构解决其核心问题的机会，而非通过“西西弗斯”式的筹款工作来解决。不过无论如何，如果能够设立留本捐赠基金并筹募到急需的大额资金，这样的非营利组织已经进入平稳状态。

还有很重要的一点，以色列慈善事业的问题之一是非营利组织的同质化。许多非营利组织都在同一领域运作、追求相似的社会目标，甚至面向相似的目标受众。非营利组织之间的紧密联系、合作和合并，都可能会带来团结协作、效率提升、资源节约和机构实力的增强。然而出于名留青史的愿望和利己主义的考虑，以色列的非营利组织之间几乎没有任何合并。为此，重要的是我们应该牢记以色列第九任总统西蒙·佩雷斯的话：“每个人都像他的自我一样渺小，像他献身的事业一样伟大。”以色列非营利部门的碎片化正是其发展不成熟的标志。随着社会部门的发展和成熟，非营利组织之间的合并将会越来越多，对有限资源的持续竞争和社会商业项目的崛起，会改变和鼓励非营利组织的合并。

第七章　自我审视

只要有合适的标准，管理好任何机构都是可能的。

——李·艾柯卡（Lee Iacocca）

一、评估与测算

正如风险投资不是仅靠投资回报率（return on investment，简称ROI）来衡量一样，衡量社会行动的效果不能仅看其直接产出，同样也需要衡量其是否对整体经济、特别是对技术发展带来巨大影响。在商业部门和社会部门，组织的有效性是依据投资回报率来衡量的。在商业领域，机构的回报主要看财务盈利能力；而在公益领域，机构的回报主要看其实现机构使命的能力和效率水平。社会行动带来的副产品对以色列社会产生了广泛的影响。而社会参与的行动本身，就是一份关于共同责任、团结一致和社会适应力的重要而宝贵的声明。但是，正如我们之前所提到的，每一家机构都必须持续努力，通过可靠、专业和连续的方法来测算它的有效性。尽管我们对非营利组织有效性的测算方法和标准还缺乏统一意见，但是在非营利组织中开展评估与测算是至关重要的。这一过程对非营利组织的重要性甚至要大于对商业机构的重要性。无论组织的目标是什么，每一家社会组织都能够且必须通过定量和定性相结合的方法，来确定合适的关键绩效指标以衡量其绩效水平。如果一家非营利组织采用的并非专业可靠的测量方法，就背叛了捐赠人和支持者的信任。为了向潜在捐赠人提供说明，评估与测算必须成为机构的组织文化和日常实践的一部分，而不仅仅是一个可有可无的边缘环节。

随着以色列非营利组织日趋专业化的发展和对资源日益激烈的巨大竞争，评估与测算问题对于非营利组织来说变得至关重要，甚至是生死攸关的。有效性是新一代捐赠人和社会投资者考虑的主要标准。这些捐赠人和社会投资者有商业背景，会要求对他们的社会投资进行严格的测量。为了确保非营利组织能够以最有效的方式履行其使命，机构的决策过程必须是专业的，并且要基于有效的、可靠的、关键的数据。评估与测算过程提供的数据和信息应该是可靠而准确的，能够帮助机构领导人做出明智的决定，选择有效的行动方针，并得出正确的可操作的结论。

评估与测算环节的主要目的，是帮助非营利组织检验与机构目标相关的绩效表现，以便在实际绩效偏离预设时进行调整。可靠而专业的评估与测算，能够更好地支持项目和组织的管理。但是，尽管这个过程非常重要，非营利部门在评估与测量方面所面临的挑战却远非那么简单，或鲜为人知。在以色列，非营利组织很少开展评测，一些组织对这一环节及其对机构的重要性也缺乏充分的理解，因此往往把它视为边缘事务。许多组织将这一环节交由外部专家来执行，把它看作为了迎合报告与问责目的而进行的一项繁重又无关紧要的工作。一些机构的领导者虽然口头上高度肯定评价与测量的重要性，但是现实正好相反，这项工作在机构的规划、改进、学习和决策方面所能发挥的内在潜力似乎并未实现。[1]可以说，很多人在讨论评估与测算，但是很少有人真正地实践它。

几年前，我参加了一个在美国举行的慈善基金会负责人会议，会议的主题是非营利组织的评估与测算。会议主讲人是两位杰出的商人和犹太慈善家，他们是以色列两个非常重要的非营利领域的核心支持者。会议的主题是“衡量我们所做的一切——在商业和慈善事业中”。各领域的成功人士共同传达出这一清晰信息，它听上去非常可靠，也给在场的参会者留下了深刻印象。然而，当我离开会议时却备感沮丧和困惑。因为，我对他们谈论的非营利组织非常了解，也有第一手的信息，知晓他们的理事因为无法测算与评价机构的活动而遭遇到的挫折。这些非营利组织从事着神圣的工作，提供着极其重要的服务，但是在机构的评测问题上，言语和行动之间却存在着巨大差距。遗憾的是，这种差距和对评测环节的困惑，是许多以色列非营利组织所面临的问题。全世界在这一领域进行了重要探索，并正在取得重大进展，也引起了各方相当程度的重视。然而到目前为止，我们还没有正确的答案或完美的办法，甚至没有一套方案能够解决非营利部门的需求。此外，许多非营利组织的活动是为了寻求质变（如态度上或行为上的转变）的长期过程，这也增加了评估与测算的复杂性和难度。评测目标的不清晰，常常会造成混乱，使得结果与期望不匹配。造成这种混乱的原因之一是，人们对于非营利组织绩效评测的分类术语，缺乏普遍共识和接受度。正是由于缺乏对评测标准的共识，以及以色列各个非营利组织还有自己的测量“标尺”，这些事实损害了组织评价的可靠性，使得不同机构之间难以进行有效的比较。评价用语和测量术语上也存在模糊性和不一致性。人们经常在术语中使用同义词，如“结果”“效果”和“影响”，而对这些术语并没有一个共同且准确的理解。这也难怪人们会怀疑评测的过程。人们对评测的过程感到失望，导致他们不支持为评测环节投入大量的资源。一些人依靠直觉做出了正确决定，这使得他们继续按照自己的直觉行事。而人们对评估与测算过程感到失望的原因之一，是评测的过程缺乏方向，评测的结果难以整合纳入机构的决策流程，以及缺乏对评测目标的了解。实际上评测环节包含很多方面的价值，比如问责、知识创造和学术价值。一般来说，评测环节的目标可以简单划分为三类：

1. 报告已分配资源的使用情况；
2. 收集有助于做出决策的信息；
3. 提出某些社会问题的行之有效的解决方法。[2][3]

尽管我们在非营利组织的评测方面存在诸多困难，缺少统一的评测标准，但是，每一家社会组织无论其宗旨是什么，都能够且必须通过定量和定性相结合的方式进行自我评测。每家组织都能够且必须明确本机构的业绩评价关键指标，并通过这些指标检验机构为实现其宗旨而做出的业绩。这些指标有助于非营利组织量化其达成目标的过程。一家不以可靠、专业的方法评估自己的社会组织，是配不上捐赠人和支持者的信任和支持的。一家不开展评估的组织，是无法进行有效管理的，因为“你无法管理那些无法度量的东西”。

由于评估与测算已经成为非营利部门主流话语的一部分，也是捐赠人的基本需求，因此，非营利组织在评估其活动并报告结果方面承受着压力。这种压力往往导致这样一种角度，也就是评测过程具有偶然性和外部性，是为了向捐赠人、社会投资者和机构以外的人展示，而并非作为有效且必要的一环纳入机构的决策过程。为了履行这一义务，一些非营利组织会关注那些简单、易于获取且现成的测量指标，但这些指标不一定能够代表机构活动的有效性。另外，有的非营利组织还利用一些捐赠人对机构评测的不了解，将与机构无关的成就也归功于自己。

几年前，一位潜在捐赠人问我如何评估奥法姆，我向他解释了我们评价机构活动所用的方法以及关键指标。这些指标是依据本领域公认的标准，结合定性和定量参数而制定的。随后我意识到，这些来自商业部门、对教育知之甚少的潜在捐赠人，是难以理解或接受以定性方式进行测量的。他说，他也在捐赠另一家类似的非营利组织，该组织位于以色列的一座主要城市，那家组织只看定量数据。我告诉他，这听起来很有趣，我很乐意了解他们的测量内容和方法，奥法姆可以从中汲取经验。然而事实却让我非常惊讶，因为我很熟悉那家非营利组织，我知道，只通过量化的方法来衡量其活动是不可能的。

几周后，他转发给我一封从那家非营利组织首席执行官那里收到的电子邮件，内容是关于该组织的量化评测指标。在列表的第一行，我惊奇地发现了这个令人印象深刻的指标，即相比机构项目起始年份，当年本市完成高中学业并被大学录取的学生数量的增加比例——这个指标与该非营利组织完全无关。我无法理解一家组织没有任何直接的贡献，却将学生完成高中学业并被大学录取的成果归功于自己，而完全忽略了正统教育系统以及该地区正在运行的其他非营利组织和机构的作用。为了赢得潜在捐赠人的注意，而吹嘘自己的成就，获取捐赠的强烈愿望对非营利组织来说是一种诱惑。他们中的一小部分人陷入了这种诱惑，这对其他非营利组织和整个非营利部门都造成了伤害。

不仅非营利组织对评估与测算有困惑，捐赠人和支持者同样如此。许多捐赠人对于不同领域机构评测的复杂性和细微差别并不了解。很多组织寻求社会变革，这些变革所需要的时间和条件也与商界不同。但是，非营利组织必须保持对自己的忠诚，并对道德、诚实、可靠性和专业行为有绝对的认同。对可靠、专业、不妥协的评测过程的重要性有着深入的理解，终会为机构带来合适的捐赠人以及他们的赞赏。

正是因为非营利组织在评测机构有效性方面存在诸多困难，使得行业中出现了许多依照不同标准建立起来的团队对社会组织和非营利组织的有效性进行评估和排名。在以色列，也有若干家提供行业基础服务的组织建立起来，对非营利组织进行监督、排名和协助。比如，米多特旨在将提升机构有效性作为社会投资者和非营利组织管理的一项关键准则，通过对非营利组织、实地报告及活动执行等方面进行打分，从而改变公众舆论。米多特会评估非营利组织运作的有效性。非营利组织有效运作的意义在于创造社会价值，使受益人的生活变得更好，而米多特相应地为机构盖上“有效印章”。[4]

另一家重要的机构是西德菲姆，该机构在管理复杂伙伴关系和沟通过程、提升社会影响方面具有专长。西德菲姆的业务基础基于这样的认知，即若要在社会中带来巨大变革，就必须联合公共（政府）部门、商业部门和非营利部门这三大部门，为了共同的目标贡献各自的专业技能，以推动整个进程。指南星是一家由民间创立、服务民间社会的非营利倡议机构，它与司法部门合作，收集和提供来自政府当局和各个机构关于非营利组织的监管信息，且不持任何立场或做出任何判断。这些提供行业基础服务的组织及其他机构，做了大量的工作，提高了非营利部门的专业水平。然而，在非营利组织有效性评级方面，依然没有一家权威机构能够做到被所有人接受。由于缺乏统一的评测标准用语，非营利组织活动的评测指标也没有一致意见，因此，非营利组织往往反对设立一个外部机构来评价它们，并针对机构的有效性来进行排名。相对年轻的非营利组织对此有更强烈的反对意见，因为他们担心自己因没有长期开展活动的经历而影响评级。另外，提供行业基础服务的组织可以对财务弹性、制度完整性、管理参与程度等进行审计，但无法对非营利组织核心活动的有效性进行衡量。机构有效性评测的过程，不仅需要非营利组织业务领域的专门知识，还需要投入时间、精力和资源，深入了解机构运营方式、目标受众、特殊问题、可能的解决方案和机构产生的长期影响等。

严肃、可靠、专业的评估与测算过程，必须由非营利组织自己承担，有时也需要专家和外部专业机构的参与。捐赠人和社会投资者必须要求其资助的非营利组织这样去做，这同样也需要捐赠人和机构的支持者在确定指标和测算方法时有更多的知识储备并参与进来。要知道，对于非营利组织来说，评估与测算并不是一项外部流程、一件独立于机构之外的事情，而应该根植于组织文化和实践之中。然而，一些文化因素正在制约以色列的非营利组织采取评估思维并将其融入组织的实践和文化：

1. 决策不以事实为依据。测算和评估正是将那些经过验证的成功实践同其他无法达到预期结果的方法区分开来，从而优化组织的活动。

2. 担心评估与测算会压抑人们的情绪、激情和同情心。测算和评估不应以牺牲激情和情感为代价。相反，当我们知道正在做的事情是卓有成效的，我们有能力改进和提升时，更会助燃热情。

3. 怀疑公益项目测算的可能性。这种怀疑主要因为非营利组织开展的活动通常是为了带来质变，而人们对于如何科学、专业地衡量这些活动所具有的可能性知之甚少。

4. 成本、时间和高投入。评估与测算是一个漫长的过程，需要专业人员投入大量的精力和资源，而这也阻碍了人们开展评估与测算工作。

5. 缺乏优先级设定，使得非营利组织以牺牲机构战略和基础建设为代价，只关注眼前紧迫的问题。许多非营利组织、特别是年轻的组织，人力资源是非常有限的，且经常超负荷运转。非营利组织的许多工作并没有给工作人员留太多时间或机动性去处理流程性事务，但是，处理这些问题的过程同样需要时间、资源和精力。

6. 对评估与测算过程的优点缺乏认识。许多非营利组织将评估与测算过程视为独立于组织活动之外的事务。一个专业的评估与测算过程应该在本组织内以公开的方式进行，使有关各方特别是捐赠人、支持者、理事会和管理团队，对其运作目标有明确、共同的了解。这一过程反映、加强并验证了机构存在的基本假设。它向组织注入了一种新的精神，使机构活动得到专业的认可，使所有参与者以最有效率的方式集中精力实现确立的目标。

7. 许多人因热情而来到第三部门工作，使得他们中的一些人仅凭直觉和情感行事，而非基于事实、凭理性行事。我经常听到参与公益活动的人说："我们不需要评估与测算，我们知道自己所做的是有用的。"纵然评测过程有许多优点，但它似乎并不用来衡量这件事是否真的"起作用"。[5] 大约在奥法姆成立五年后，我与一位儿时的亲密好友重逢。他的人生轨迹和我非常相似，我们一起长大，玩同样的游戏，在同一所学校、同一个班级学习。直到今天，他的父母住在离我父母家很近的地方。多年后的第一次见面我们聊了很久，也填补了彼此之间的许多空白。在即将分别时，我向他介绍了我这些年来一直在做的事情，并简单介绍了奥法姆。在那之前，他对这个组织一无所知。但是当我讲完，房间里一片寂静，他的眼中突然满盈泪水，从他的眼中我看到了他对奥法姆存在的深深的理解，而这种理解源于我们在艰难环境中成长的共同经历。过了一会儿他说："我们小时候没有一个奥法姆这样的组织，真是太遗憾了——它原本可以挽救许多我们的朋友的生命。"而我也无须向他解释我在参与奥法姆活动中感受到的重要意义和巨大价值。

他后来加入了奥法姆的理事会。即便深知社会对奥法姆活动的巨大需求和奥法姆的潜在社会影响，我们依然成了最坚定主张并且支持奥法姆进行评估与测算的人。换句话说，评估与测算过程并不是要"取代"我们对于机构活动的活力和被社会需要的深切感受，而是在确认、强化、补足、巩固和加剧这些感受。

二、为进步持续努力

每一家组织都应该不断努力去提升自己。但是，想要真正改进，我们首先必须知道需要改进什么。因此，非营利组织必须能在系统地运用数据的基础上，将评估与测算过程作为组织活动的一部分加以实施。理事会应该为机构的管理人员制定具体而明确的措施，而这些措施是根据如何评价他们而运作的。机构为了做出合乎逻辑的决策，必须确定恰当而详细的“关键绩效指标”。明确评测目标和为实现这些目标制定的详细战略，对评测过程是否有效至关重要。目标描述了何为成功，战略则概括了实现成功的方法。稳定的管理、严格的执行和对达成目标的不懈努力，这三者的恰当组合使得机构能够履行其使命。虽然进行战略规划并非一种奢侈之举，但规划的过程，需要组织层面大量投入资源和勇气。非营利组织必须投入资源来计划、收集和分析信息，获得并运用科技和测评工具，并经常聘请外部顾问开展评估和测量。许多组织无法投入成功开展评测所必要的投入和资源，因此难以衡量其产出。对于那些年轻的、正在为可支配的微薄资源而苦苦挣扎的非营利组织来说，这一点尤其如此。

捐赠人和支持者必须了解，战略的规划和实施，以及评估与测算，需要我们对投入、资金、时间和精力进行分配，而这些往往超出了项目运作本身的直接成本。因此，捐赠人和支持者必须把评估测算的成本看作其资助的项目成本的一部分，而不是间接费用。捐赠人和支持者不应以减少开支为目标，而应以扩大影响为目标。为了最大限度地发挥影响，组织需要时间和足够的经费支持。捐赠人和项目资助方也可以充分参与到项目评估中来。在评估和测算过程中，机构还会涉及其他的利益相关方，也常会有利益冲突。如果所有的利益相关方都参与到评估与测算的过程中，我们就能够提高评测过程的质量，提高评测成功的机会，也会营造一种开放而富有成效的氛围。[6][7]

评估与测算的过程是渐进的，它需要很长时间，也需要参与者具备丰富的经验和高度成熟度。评测过程不可能因某一瞬间的决策而成为机构活动的组成部分。从未开展过评估与测算的非营利组织，是不可能突然决定聘请外部专家对其进行评估的。真正的评测过程，首先是组织向内进行自省和深入考量。聘请顾问参与内部评估是可取的，也是有必要的，这样能为持续稳定地开展评测工作构筑适当又专业的基础。这个过程需要机构各相关部门的准备、内化和深度参与。但是也要谨记，过程中会有起伏，我们需要耐心和坚持。内部环节为机构构建起了共同语言，使得所有概念、假设、目标和实践的步伐逐渐变得清晰明了。而外部环节作为一项补充，会验证机构流程中的各个步骤。

一家组织要想开展评估与测算或购买专业的评测服务，就必须基本熟悉甚至掌握各种评测技能和方法。在选择适合本组织的评测方法后，这些方法应该在机构活动的方方面面长期应用和融合，而不是仅应用在单独的项目中。精通相关测量方法的机构知道，哪些关键指标需要检查，哪些数据是重要的，如何收集数据，如何将其转化为知识，并利用它们来改善机构活动。非营利组织要想实现其宗旨，具备这些技能就是他们必须采取的第一个至关重要的步骤。非营利组织通过执行战略规划，而对机构活动进行评估、明确测量指标，这样的组织往往具有良好的方向感，并会不时应用测算工具检查机构是否还在实现目标的正轨上。

评测的过程除了为非营利组织管理者提供信息以外，也是许多捐赠人和社会投资者投入资金的先决条件。因此，为了验证评测的结果，实施独立评测的专业团体必须得到认可，并在该领域拥有权威和声誉，这是非常重要的。来自商业部门的捐赠人和社会投资者有时会错误地认为，评价非营利组织只能从数字上衡量，因为商业部门中的评测大多是定量的。许多非营利组织的工作是长期致力于改变人们的习惯、态度或趋势，不能只用量化的方式来衡量。今天，评价数据可以通过观察、访谈等定性的方法收集，也可以通过问卷调查、对用户所做的真实评价进行统计分析等定量的方法收集。尽管在最佳策略和数据类型上存在许多分歧，但似乎如今定量和定性度量都是有价值的，并且都可以仔细分析[8]

一般来说，测算过程包含四个基本步骤（见图9）。第一步，用实操语言来定义非营利组织的目标，也叫作概念具象化。许多非营利组织设定了一个长期的社会变革目标，这些目标通常是用抽象的语言来描绘的，比如非营利组织致力于缩小社会差距、改变社会捐赠文化、增强社会团结、改变社会行为模式等。这些行为概念代表了活动、意向、感受和现象的复杂性，而这些往往是很难直接预测的。在评估与测算的过程中，我们有时很难对这些抽象的概念进行评估，因为测量态度或行为变化并不会产生如身高、长度、体重这类可直接测量的客观数据。直接定量化测量的挑战在于要找到可靠、可接受的测量工具。但是，当我们试图测量抽象的概念（如赋权）时，我们必须对这一概念，以及其更为具象的定义有一个基础而完整的理解，之后我们才能对“关键绩效指标”和测算类型有基本概念，进而运用它们。我们必须清楚地标记和定义抽象的概念。对抽象概念进行标记和定义，使我们有可能将它视为已知和熟悉的事务来进行关联、甄别与交流。概念的组成部分要包含显著特征、特质和精确范围，它们的差异使得一个抽象的概念得以区别于另一个抽象的概念。[9]对这些抽象的概念来说，一个更为清晰、更实用的定义可以使其背后的假设更具实际操作意义。为了说明评估与测算过程的难度，一些研究人员将其比作在思想世界和观察世界之间的鸿沟上架起一座绳索桥。[10]例如，奥法姆宣称其宗旨是，“为以色列偏远地区的儿童带去教育财富和能力，鼓励他们接受高等教育，为他们个人带来发展、为整个社会做出贡献”。它背后的运行原理是为偏远地区的儿童营造积极、正向的“关键体验”，释放他们的内在能量，从而帮助他们在未来实现全部潜能。在经历了由奥法姆之友理事会、奥法姆，以及由以色列非正规教育领域顶级专家组成的专业委员会无休止的讨论后，我们将奥法姆的元目标（meta-goal）转化为几个可实现的目标，并且这里的每个目标都是可测量的：

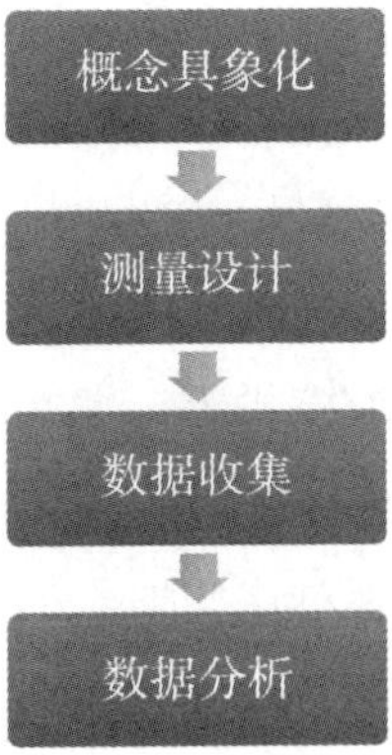

图9　测算过程的四个基本步骤

来源：斯特凡诺·坎帕斯特里尼（Stefano Campostrini，2005）：《测算和有效性：方法、考虑、问题和可能的解决方案》（*Measurement and Effectiveness: Methodologies, Considerations, Issues and Possible Solutions*），第18章

1. 通过移动实验室和其他方式，让尽可能多的偏远地区儿童接触到科学、技术和数学（STEM）。

2. 由经验丰富且敬业的专业团队通过特别项目，对全新内容进行展示并通过活动曝光。

3. 增强儿童的能力和自我效能感，培养其思考、表达和沟通的能力，激发他们的好奇心。

4. 增强参与者学习和成功的动力，让他们更加接近高等教育的世界。

选择以上目标是因为，该领域的许多研究表明，那些有好奇心、高自我效能、认识和理解高等教育对于成功人生具有重要意义的儿童，比没有这些特征的儿童更有可能进入高等教育领域。然后，我们制定了相关的关键绩效指标，并构筑了评估以上目标的基础。我们还编制了专项调查问卷，并在年初、年中、年末时对儿童、家长和教师等进行访谈。这些数据都收集在一个奥法姆定制的数据系统中。奥法姆的专业委员会由评估与测算领域的研究人员和专家组成，他们对组织的基础设施和评测过程进行不断检查、优化和加强。因此，这些可实现的目标又能够转化为可测量的目标：

短期目标——3~6年级。提高自我效能感，逐渐培养学习和思考能力、表达和沟通能力，输入STEM知识，接触高等教育世界。

中期目标——7~9年级。STEM课程达到高中水平，有资格继续进修高等教育学位。

长期目标——高等教育。

评估与测算在奥法姆中已经成为非营利组织文化不可或缺的一部分。持续进行中的专业评测也与机构的各项活动交织在一起。这要感谢奥法姆之友理事会成员们的建议、指引和指导。奥法姆之友和奥法姆理事会的成员都是教育评估和测算方面的专家，而专业委员会成员都是来自教育领域的专家。在内部环节中，我们测算物流、运营、驱动力、顾问、协调员、（南北）区域运营经理、筹款、首席执行官等维度的有效性。每个顾问都被要求在每天活动结束时填写反馈信息。

在外部环节中，我们测算项目活动对学生、家长、学校和环境的影响。每隔几年，奥法姆都会聘请专业团队从机构外部进行问卷调查，用来确证和核实内部评测的结果。在2016年开展的一项研究中，我们在奥法姆首批干预的学生们高中毕业时，对他们进行了大规模问卷调查以了解他们的情况。这项调查由以色列理工学院和特尔海学院（Tel-Hai College）的研究人员作为第三方执行。问卷研究了119名很早就受到奥法姆影响的毕业生，其中60%的学生的父母没有接受过高等教育。研究发现，有23.5%的奥法姆毕业生在五门主要课程中选择了数学，高于国家北部地区平均水平8.2%，高于南部地区平均水平6.9%。

被调查的学生中，56%的学生学习了4到5个数学单元，89%的学生学习了4到7个英语单元。此外，59%的被调查学生在至少一个科学或技术领域的强化学习项目中学习。调查还发现，58%的奥法姆毕业生表达了他们希望继续学习理科的意愿和愿望。被调查者对奥法姆活动的满意度较高（4.37/5.0），对奥法姆活动的感受愉快而积极。鉴于奥法姆的大部分活动集中在小的、偏远的、社会经济脆弱的边缘地区，因此，这些成绩显得尤其突出。

明确目标之后，下一步是做好测算设计。社会科学研究为我们提供了几种实现准确的、可靠的和有效的测算的方法，这些方法能够帮助我们明确需要收集哪些数据，以及收集数据的方法。没有一种方法被认为是更好或更适合的，因为方法的选择取决于当时的具体环境、预期测量结果以及可用的预算和时间。

第三步是数据收集。在这个阶段，我们必须注意测量误差。但是在现实中，并不是每个过程都是完美无瑕的。因此，我们必须要注意两个重要环节：误差控制和误差测量。这两个环节非常重要，因为错误可以减少，但无法避免。另外我们必须要知道，误差总是在影响估计值，所以了解误差的大小有助于改进对测量结果的解释。

由于原始数据在很大程度上并不能作为最终数据直接使用，因此我们需要第四步——数据分析，对数据进行分析、考量和深度挖掘，以便为政策或决策提供洞见。数据是一种原料，它以各种形态生产和提供信息——小到创建简单的指标（计算两个测量值之间的比率），大到复杂的统计分析。

每一家非营利组织的终极愿望，是它与它所做的事情再也没有存在的必要。在我们生活的动态世界里，非营利组织所处的环境和现实经常发生变化，而这些变化对它们所做的事的必要性会产生重大影响。为此，非营利组织必须审视机构自身、机构目标、过程以及所遵循的基本假设。真实、可靠、专业、大胆的评估与测算使我们能够审视自身所在领域的变化，确认或推翻基本假设，从而对非营利组织的活动做出相应调整。

实际上，领域、环境和体制上的变化，很少会使某一家或另一家非营利组织的活动彻底变得多余。理论上而言，如果这些变化能让非营利组织再无存在的必要，这样的结果对于每一家非营利组织来说，都应该是一件幸事、是值得庆祝的。但是，在我多年的社会参与中，我还没有看到或听到任何一家非营利组织因为这种快乐结局而宣布停止其活动。有时，人们对非营利组织存在依赖感，这种依赖会转变为参与者的身份和日常生活的重要组成部分，并在实际上阻碍了他们认清不断变化的现实。在这种情况下，非营利组织没有在庆祝他们的使命结束后选择退出，而是以“僵尸组织”继续运作，也没有明确的目标——寻求某一社会问题的解决方案。这样的非营利组织是在对自己犯罪，它们损害了机构成立的初衷，也给整个非营利部门的声誉带来不良影响。而一个可靠而专业的评测过程的存在，正是防止此种悲剧发生的保障。

尽管存在以上种种问题，我们仍然可以确定地说，近几年来以色列非营利部门越来越理解评估与测算的重要性。此外，来自以色列和海外的新一代捐赠人是非常偏好测算的一代人，他们把评估与测算的过程作为捐赠的先决条件，因此对组织进行评估与测算的需求正在增长。非营利组织必须将评测过程视为其规范管理的一部分。只有这样，我们才能学习、进步，创造我们想要的积极的社会变革。

尾　声

在人生的登台顺序中，我是谁?
毕竟，生活不是用钱买来的
而是用恩典和点滴日常
换来的

——伊沙·里博（Ishay Ribo）

社会的两极分化、缺乏宽容、道德水准下降和巨大的社会差距，对以色列社会的完整性构成了真正的威胁。尽管国家对社会差距和不平等程度负有最终责任，但是对于每一个深切关心以色列价值、韧性和道德形象的人来说，无动于衷、冷漠和袖手旁观并不是一个选项。如果抱有“法不责众”的心态保持缄默，持续存在的社会差距将会危及我们每一个人的生存。

诚然，这些深刻的裂痕一方面也许让人感到麻木和绝望，但另一方面也为我们提供了一个重塑社会特征、重新定义人与人之间关系的巨大机会。社会参与和行动能够创造理解和对话的基础，减小社会差距，弥合社会裂痕。阿尔伯特·爱因斯坦曾说：“只有当一个人参与到社会中，并完全沉浸其中，人类最优秀的品质才能茁壮成长。”[1]通过共同的社会行动，我们展现人性、表达对他人和异类的团结和同情。这种团结并不意味着我们在重要的问题上放弃意见或分歧，因为依照我们的传统，只要分歧切中了问题要害，分歧本身就是澄清真相的办法。另外，社会行动和参与使我们更加宽容，让我们能够在存在分歧的情况下依然携手，促进共同目标和问题的达成和解决；也为我们提供了全然了解对方和彼此间差异的机会，而不是为他人贴上狭隘的标签。

通过社会行动、参与和捐赠，我们有能力把我们所生活的这个社会变成一个模范社会——一个有道德的、敏感的、相互联系的、体贴的、关怀的、富有同情心的社会。在有高度社会参与的社区中，团结、尊重和共同责任感也更加盛行。这样的公共社会，能够从捐客团体手中夺走其所掌握的但与之并不相称的权力，能够期望并要求领导者们以符合伦理道德的行为行事，能够在国家社会事务中更加坚守公正和平等。我们有可能实现这一切，而且也只能靠我们每一个人的努力才能实现。每个人都可以尽己所能，以自己独特的方式为以色列的社区和社会行动增添亮丽色彩。拉比索洛维奇克（Soloveitchik）说，在这样一个公共社会中，每个人都是“相辅相成”的。他还补充道：“每个人都拥有不为他人所知的独特、稀有之处，每个人也都传递着一种独特的声音，为公共的光谱增添一种特殊的颜色。因此，当一个人加入社区时，他便为社区意识增添一个新的维度，做出了别人无法做出的贡献。他的存在丰富了社区；他是不可替代的。”[2]

在生活中，我们会遇见善良的人以他们的善举为我们的生活增添特殊的色彩。伊斯雷尔·科恩（Israel Cohen）就是其中一位，他是我在卡法麦农上寄宿学校的校长之一。上学期间我曾经深受牙龈问题的困扰，实在疼得受不了了，就去贝尔舍瓦看牙医。为我治疗的牙医决定让我接受手术，而1 200谢克尔的高额费用超出了我的经济能力。当我回到卡法麦农时，我遇到了伊斯雷尔。他问我从哪儿来，我告诉了他检查结果，显然我不得不忍受牙痛，因为无法负担治疗费用。几天后，伊斯雷尔把我叫到他面前并递给我一个信封。我打开信封，看见一张个人支票，是以他的名义开出的支票，金额是1 200谢克尔。“拿着吧，你不用忍着，去做手术吧！”他说。我被他的举动深深感动了，连忙不停道谢。即使在当时，我也知道伊斯雷尔并不富裕，支付手术费用对他来说也不轻松。我欠他一笔债，这钱我必须得还给他。因此，我决定星期五在卡法麦农的一些家庭打工，做打理花园的工作，赚钱还给伊斯雷尔——而星期五这一天，大多数寄宿学校的孩子们会回到他们居住的社区，并在安息日回到学校。

几十年后，我在图西亚村参加奥法姆开展的首批活动中的一场，那个地方毗邻我曾经学习过的卡法麦农。当我到了那儿，一位女士走向我并做了自我介绍，对我说：“干得漂亮。你们真的是在做着神圣的工作，我不知道该如何感谢你们所有人。我女儿以前还盼着奥法姆移动实验室的到来呢。”然后她突然不见了，几分钟后又端着一盘摩洛哥甜甜圈回来了。“你们一定要尝尝这个，我特意为你们做的。”这位女士不厌其烦地向奥法姆表达感谢，不停地赞美辅导员、活动，以及这些活动对孩子们的重要性。当她平静下来之后，我告诉她我是隔壁村卡法麦农寄宿学校的毕业生，问她认不认识那所学校的校长伊斯雷尔·科恩。“是的，我当然认识他，”她回答，“不幸的是，他大约两年前去世了。你看见坐在我女儿旁边的那个女孩了吗？”她指着一个正在参与奥法姆移动实验室的女孩说，“那是塔尔（Tal），她是伊斯雷尔的孙女，是我女儿最好的朋友。”当时我感觉心跳仿佛停了一拍，眼里充满了泪水。

自图希亚村相遇的大约8年后，美国奥法姆之友的成员们在以色列访问期间，我陪他们参观了奥法姆在图希亚村附近的肖科达村的活动。管理层向他们介绍了两名十二年级女生的情况，谈到了这次经历对她们的影响，这两名女生也是奥法姆的毕业生。毕业生们讲述了奥法姆的活动的意义以及如何鼓励了她们，使她们在活动中接触科学，进而在高中选择继续学习科学。她们还表示要继续攻读理科学士学位。会后，我走向其中一位毕业生，问她是否认识伊斯雷尔的孙女塔尔。“当然，”她回答说，“她是我的好朋友，她也参加了奥法姆的活动。”我向她询问了塔尔的电话号码。几天后，我给塔尔打了个电话，在介绍了自己后，我问她是否还记得奥法姆的活动和对她所产生的影响。她的反应和她的朋友们一样热烈。然后，我告诉她我与她祖父的相识，讲述了在我小时候他对我的好。“你让我感动得哭了。”她兴奋地说。我告诉她，她祖父的善举会伴随着我的一生，而那一刻，我感受到一份小小的恩典真的降临了。我明白了《传道书》中那句话的深意：“当将你的粮食撒在水面上，因为日子久了，你必能得着它。”

最后，我们怎么能忘记萨姆·伯格曼教授呢？20年前，萨姆回到美国长居并在乔治·华盛顿大学任教。2017年年初时我想与他再次联系，让他知道他的“修复世界”的影响，还有这本书的诞生。我非常兴奋地写下了这封电子邮件：

亲爱的萨姆，

我希望你和你的家人身体健康，精神饱满。

我们很久都没有交谈和见面了，如果不久后能见面，我会非常高兴。正如你所知道的那样，我这些年来一直活跃在以色列的慈善事业中。2004年，我和朋友们成立了一家名叫“奥法姆”的非营利组织，为儿童和青年人提供科学技术和数学的课外课程，运营范围是以色列北部和南部偏远的小型社区。奥法姆的建立，在很大程度上要感谢你——它源于童年时期我从你那里得到的积极体验。也许你并不知道，你是我生命中非常重要的人。我们的第一次见面，是在我已故父母家吃午饭的时候。那次见面对我产生了巨大影响，深刻塑造了我的未来。我们试图为奥法姆的孩子们创造的体验，是基于你赋予我力量的体验。奥法姆的理念是增强儿童的信心和自我效能感，打破强加于他们身上的人为障碍，使学科学习成为可能、触手可及。所以，你有足够的理由为自己的行为感到骄傲。

在过去的几年里，我讲过许多使我投身社会行动、创办非营利组织奥法姆的经历，讲的许多事是关于你，以及你在我生命中扮演的重要角色。大约在三年前，我决定写一本关于以色列社会行动、参与和捐赠的书，直到最近才写完。目前我正在编辑这本书，希望能在几个月后出版。这本书的第一章就描述了我们第一次见面时你来我父母家吃午饭的情景，你在大学里为14岁的我上了六堂私教课，这次会面对我之后的人生产生了巨大影响。

为了给这本书画上一个句号，我想，如果我能把你对见面的看法写进这本书里，我将不胜荣幸。无论如何，当这本书出版之时，为你亲自送上这本书将是我的无上荣幸。

非常感谢。

哈伊姆

不久后，他的回信写道：

亲爱的哈伊姆，

很高兴收到你的来信。

我很荣幸你将我对你的生活的影响评价得如此之高。而我的观点有点不同……虽然你的成功在一定程度上归功于引导与机遇，但是，在世界上很多偏远地区，尤其是以色列南部，很多孩子都没有这样的机会。你一定意识到了，成功是由许许多多的东西组成的。而我找到了你，一个14岁的孩子，一个有着惊人的动力、求知欲、毅力和勤奋工作能力的孩子——这些是一个无与伦比的组合。尽管如此，你创办的组织（奥法姆）是一份丰厚回报，对以色列社会也是巨大幸事，你应该为此感到非常自豪，我也是！

顺便说一句，昨天我庆祝了自己的80岁生日，并与在印度、以色列、英国以及洛杉矶的孩子与孙子们用 Skype 通话，聊了许久。有时候科技真的很棒，不是吗？

你的，

萨姆

收到他的回复后，我们立即通了电话，并安排几周后在美国见面。我想，没有什么比在他80岁生日时，为这位谦逊而有爱的老人呈上他“修复世界”的丰硕果实更有意义、更有价值的礼物了。

当一个人真正经历过“修复世界”的双重美好，既是礼物的受赠者又是赠予者时，我全身心地相信，通过我们的行动——哪怕是最小的行动——都有能力修复我们的世界，修复我们中的弱者和穷人的世界：属于孩子、青年、老人、残疾人、大屠杀幸存者和更多人的世界。通过加入社会参与、行动和捐赠圈——在每个人“修复世界”的行动中——我们能够活成一束光，照亮他人世界的黑暗，能够创造无限的奇迹。“这就是光的奇迹，”伊曼纽尔·列维纳斯写道，“它比滋养它的能量更丰富……它是精神世界的每日惊奇……它是燃烧着的炽热火焰……它是前方道路上遇到险阻时仍然步履不停的决心……它是照亮生命的希望……它包含了精神世界的无限力量，像一位创造者，超越了技术的谨慎；没有精准计算，没有往昔纷扰，在时空中愉快地尽情倾泻情感，自由而无限地投入他人的事业中。”[3]

我们以小小的行动之光融入以色列的社会行动的火炬之中，通过我们的共同力量，一定能够照亮整个社会，带来根本性的重大社会变革，即便这在今天对我们来说也许还是一个遥远的梦想。这种信念并非源于天真——尽管天真有时也是实现远大梦想的必要条件——而是因为，哪怕只是施以一点点恩惠，也能带来巨大的回报。

注 释

第一章

[1] Gad Yair："From Key Experiences to Turning Points：A Study of Educational Impact"［Hebrew］，Sifriat Poalim Publishing group–Hakibbutz Hameuchad –，2006.

[2] 《原则书》3:15。

[3] Max Born："Man and the Atom"，Bulletin Of The Atomic Scientists Vol. 13，Iss. 6，1957.

[4] Eyal Bar-Haim，Carmel Blank，Yossi Shavit："Educational Opportunity，Employment，and Income：1995–2008"，Taub Center for Social Policy Studies in Israel，2013.

[5] 见注释4。

第二章

[1] Central Bureau of Statistics："Gross Domestic Product and Uses of Resources in 1995–2015"［Hebrew］，2016.

[2] Central Bureau of Statistics："Education at a Glance 2013：

OECD Indicators”，2013.

[3] Central Bureau of Statistics：“Society in Israel Report –Number 5，Chapter 1：Welfare of the population，employment and living conditions”［Hebrew］，2012.

[4] Chana Bar–Ishai and Peer–Li Fior：“The education system in Israel in comparison to countries of the world”［Hebrew］，2009.

[5] Central Bureau of Statistics：“National Expenditure on Education in 2009–2012”［Hebrew］，2013.

[6] Dan Ben David：“The State of Israel's Education and Its Implications”，Taub Center for Social Policy Studies in Israel，2011.

[7] PISA Results：“Chapter 7，Achieving Problem Solving Skills in PISA study 2015”［Hebrew］，2015.

[8] TIMSS Study，2015.

[9] Central Bureau of Statistics：“Meitzav exam results according to socio–economic strata”［Hebrew］，2003.

[10] www.eduaction.co.li：“Five Unit Mathematics：A strategy that created a strategic threat”［Hebrew］，August 2015.

[11] Walla website：“A 27 percent rise in Five Unit Mathematics matriculation exams in 2016”［Hebrew］，June 7，2016，http://news.walla.co.il/ item/2968209.

[12] Haaretz website：“Meitzav data 5776：For the first time ever，there's a narrowing of the gaps between population strata in some of the subjects”［Hebrew］，November 15，2016. http://www.haaretz.co.il/news/education/1.3122948.

[13] Idit Mani–Ikan et al.：“Teaching Five Study Unit Mathematics in Arab Society”［Hebrew］，Henrietta Szold Institute，September 2016.

[14] McKinsey et al.：“How the world's best performing schools come out on top”，2007.

[15] Paul Anthony Samuelson：“Foundations of Economic Analysis”，1946（1973）.

[16] The Knesset：“A description and analysis of the poverty and

inequality indexes in Israel and the developed countries" [Hebrew], Research and Information Center, Budgetary Control Department, 2012.

[17] Adi Schwartz: "Third-world? Us?" [Hebrew], the Haaretz website, April 20, 2007.

[18] Bank of Israel Report: "Chapter 8 – Issues in Welfare Policy" [Hebrew], 2013.

[19] The Knesset: "A description and analysis of the poverty and inequality indices in Israel and the developed countries" [Hebrew], Research and Information Center, Budgetary Control Department, 2012.

[20] National Insurance Institute of Israel: "Poverty Indices and the Social Gaps, Annual Report 2014", Director General of Research and Planning, December 2015.

[21] Central Bureau of Statistics: "Society in Israel Report –Number 5. Chapter 2: Poverty and social exclusion in comparison to other EU countries" [Hebrew], 2012.

[22] UNICEF Report 2015.

[23] Momi Dahan: "Third generation poverty" [Hebrew], The Israel Democracy Institute website, 2009.

[24] John Gal and Shavit Madhala-Brik: "Public Spending on Social Welfare", The Taub Center for Social Policy Studies in Israel, 2016.

[25] The Knesset: "A description and analysis of the poverty and inequality indexes in Israel and the developed countries" [Hebrew], Research and Information Center, Budgetary Control Department, 2012.

[26] Guy Rolnik: "Stuck in the status– If your grandfather was poor, also you, your children and your grandchildren won't finish the month" [Hebrew], The Marker, February 15, 2014.

[27] Credit Suisse: "Global Wealth Report", 2015.

[28] Jacob Hacker and Paul Pierson: "Winner-Take-All Politics", 2010.

[29] Galit Ben Naim and Alexey Belinsky: "Israel's Wage Divergence:

An Analysis of Wage Mobility in the Last Decade” [Hebrew] , 2010.

[30] Moshe Halbertal: “Shabbat Supplement” , Yediot Ahronot, Interview with Nahum Barnea [Hebrew] , August 26, 2016.

[31] Momi Dahan: “How successful was the melting pot in the economic field? ” , Israel Democracy. Institute, 2013.

[32] State of Human Rights Report: “The right to health: Plans to narrow gaps between the center and the periphery” , Situation Report, 2012.

[33] State Comptroller’s Report: “Annual Report (63c) for 2012” [Hebrew] , 2013.

[34] Tali Marom and Zvi Eckstein: “Position Paper: Poverty in Israel, Reasons and Policies in the Labor Market” [Hebrew] , 2016.

[35] National Insurance Institute of Israel: “Poverty Indexes and the Social Gaps, Annual Report 2014” , Director General of Research and Planning, December 2015.

[36] Sheleg Bambi: “Liba V’Liboey” [Hebrew] , Yedioth Aharonot, July 2016.

[37] Yoaz Hendel: “Yofi Hablorit Ve-hatoar HaRishon” [Hebrew] , Yedioth Aharonot, August 2016.

[38] Rami Sulimani: “The importance of social resilience for the national security of the State of Israel [Hebrew] ” , In the framework of Israel’s National Security Seminar – Challenge and Response, 2014.

[39] 见注释38。

[40] Stephen Hawking: “This is the most dangerous time for our planet” , The Guardian, December 1st, 2016, https://www.theguardian.com/commentisfree/2016/dec/01/stephen-hawking- dangerous-time-planet-inequality? CMP=share_btn_link.

[41] Robert I. Fitzhenry: “The Harper Book of Quotations” , p. 356, 1993.

[42] Maimonides: “The Guide for the Perplexed” , Part A, Chapter 31.

[43] S.Y. Agnon: “Shira”, 1971.

[44] Rabbi Abraham Joshua Heschel: “God Believes in Man”, 2011.

[45] Benjamin Kidron, Hagai Katz and Mihal Bar: “The Third Sector in Israel: Between Welfare State and Civilian Society” [Hebrew], Hakibbutz Hameuchad Publishing, 2003.

[46] Yaakov Rotblit and HaHazer HaAchorit: “Song of the Poor” [Hebrew], 2013.

[47] 见注释44。

[48] The Dalai Lama: “The Compassionate Life.”

[49.] Dr. Dana Freibach-Heifetz: “Secular Grace” [Hebrew], 2009.

[50] Richard Dawkins “The Selfish Gene, ” 1991.

[51] Rabbi Abraham Joshua Heschel: “The Plight of Russian Jews”, United Synagogue Review, 1964.

[52] 见注释44。

[53] Rabbi Yuval Cherlow: “Avar Liva LeIsha Meleva” [Hebrew], “Amit Orot HaTorah” homepage, February 4, 2016.

[54] Rabbi Shlomo Ishon: “A free economy that educates to give” [Hebrew], from the Komemiut movement's weekly newsletter, the 28th of Iyar, 5769, 2009.

[55] Maimonides: “Mishne Torah – The Laws of the Gifts to be Given to the Poor”, Chapter 10, Halacha 14 and onward.

[56] Shimon Peres: A speech to the participants of the JNF Conference in Tel Aviv, 2012. https://www.youtube.com/watch?v=YNxN8rD5T_ E&feature=youtu.be.

[57] Maimonides: “Mishne Torah – The Book of Knowledge” Hilchot Teshuvah, Chapter 3, Halacha 5.

[58] Albert Einstein: “Religion and Science”, New York Times, 1930.

[59] Jennifer Aaker, et al.: “Getting the Most out of Giving: Concretely Framing a Prosocial Goal Maximizes Happiness”, 2013.

[60] Central Bureau of Statistics: “Selected Data from the Social Survey 2013 Volunteering in Israel on the occasion of International Volunteer Day”, 2013.

[61] “Plato's Writings”, Libs translation, Shoken Publishing,

Volume I — Epilogue, pg. 223.
[62] Joel Hansel: Introduction to "Totality and Infinity", 2010.
[63] Emmanuel Levinas: "Totality and Infinity", 2010.
[64] Haim Shapira: "Nocturnal Musings: Kierkegaard, Schopenhauer, Nietzsche", 2011.

第三章

[1] Albert Einstein: "Religion and Science", New York Times, 1930.
[2] Yoram Yuval: "Heshbon Nefesh" [Hebrew], an article on Ynet, August 19, 2016.
[3] Hillel Schmid: "Characteristics of the Israeli Philanthropy in the 21st Century", June 2011.
[4] Marcel Mauss: "The Gift: The form and reason for exchange in archaic societies", Introduction by I. Silber: "On Marcel Mauss and the Gift's Charms and Paradoxes", pp. 7–30, 2005.
[5] Aristotle: "Nicomachean Ethics", Book II.
[6] Central Bureau of Statistics: "Road Accidents" [Hebrew], Statistical Abstract of Israel, 2017.
[7] 《原则书》2:4。
[8] 见注释 3。
[9] Jeffry A. Krames: "Lead with Humility", American Management Association, 2012.
[10] Ministry of Justice: "Registered Non-profit Organizations Database" [Hebrew], Non-profit Organizations Registrar website, 2015.
[11] GuideStar - NPTech: "Non-profit organizations in Israel abstract" [Hebrew], August 2014.
[12] Ministry of Justice: "Summary of data from the GuideStar Conference" [Hebrew], Registrar of Nonprofit Organizations website, http://index.justice.gov.il/Pubilcations/.26.6.12 Articles/Pages/KeneshMigzarSlisi.aspx.

[13] Central Bureau of Statistics："Israeli Philanthropy Survey 2009–2011"， March 2014.

[14] Chaim Nachman Bialik："HaShirim"， Dvir Publishing Ltd., 2004.

[15] Ministry of Interior："Publication of local authorities in Israel 2012：The local authorities in Israel in cooperation with Central Bureau of Statistics" [Hebrew]， 2012.

[16] Central Bureau of Statistics："Socio–economic ranking relative to population size" [Hebrew]， 2002.

[17] Yaron Drokman and Avital Lahav："The socio–economic ranking：Savion in first place" [Hebrew]， ynet， April 3， 2013.

[18] Central Bureau of Statistics："Characterization and Classification of Local Authorities by the Socio–Economic Level of the Population" [Hebrew]， 1999.

[19] 见注释18。

[20] Yehonatan Almog："Narrowing the digital divide — the use of computers in the education system in Israel" [Hebrew]， The Hebrew University – The Federmann School of Public Policy and Government， 2008.

[21] Roey Goldschmidt："Narrowing the Digital Gap" [Hebrew]， The Knesset — Research and Development Center， 2007.

[22] Netanel Katz："Defining a vision and its foundation：a cornerstone for quality leadership" [Hebrew]， 2000.

[23] Tractate Sanhedrin， Chapter 4， Mishneh 5.

第四章

[1] William G. Domhoff："The Power Elite and Their Challengers：The Role of American Behavior Scientist"， Nonprofits in American Social Conflict， 2009.

[2] F. Ostrower："Why the wealthy give：The culture of elite philanthropy"， Princeton N.J.， Princeton University Press. Introduction， pp. 3–27. 1995.

[3] Ministry of Justice: "Proper management of non-profit organizations" [Hebrew], Third Edition 2013.
[4] Eliyah Tannenbaum: "Building ability — the next stage: A director's course for members of the board of directors" [Hebrew], http://marompb.com/articles, September 2016.
[5] Daniel Milo: "Member of the public administration, ethics and practice" [Hebrew], The Jerusalem Center for Ethics, 2015.
[6] 见注释3。
[7] Jeffrey A. Sonnenfeld: "What Makes Great Boards Great", Harvard Business Review, September 2002.
[8] Ministry of Justice: "Guidelines for Managing Non-profit Organizations" [Hebrew], Non-profit Organizations Registrar, December 2015.
[9] Richard P. Chait, et al.: "Governance as Leadership: Reframing the Work of Nonprofit Boards", 2005.
[10] 见注释8。
[11] BDO Ziv Haft: "The NGO and Social Business sector", The shortened guide for NGO 4, updated version, 2016.
[12] 见注释7。
[13] 见注释9。
[14] 见注释7。
[15] 《以西结书》1:21。

第五章

[1] Hillel Schmid, Avishag Rudich: "Elite Philanthropy in Israel: Characteristics, Motives and Patterns of Contribution" [Hebrew], Social Security, 2009.
[2] 见注释1。
[3] Ministry of Justice: "Summary of data from the GuideStar Conference" [Hebrew], Registrar of Nonprofit Organizations website, June 26, 2012.
[4] Ministry of Justice: "Registered Non-profit Organizations

Database" [Hebrew] , Non-profit Organizations Registrar website, 2015.

[5] NPTech: "Non-profit organizations in Israel abstract" [Hebrew] , 2014.

[6] Committed to Give and Central Bureau of Statistics survey: "Philanthropy of Israelis, 2009-2011" , 2014.

[7] Charities Aid Foundation: "World Giving Index" , www.cafonline.org, 2014 and 2015.

[8] MATAN survey: "They value the non-profit organizations but don't donate to them" [Hebrew] , Calcalist supplement, June 22, 2016.

[9] TPI: "Promoting Philanthropy in Israel" , 2008.

[10] Ilana Friedrich Silber et al.: "Civil Society and Third Sector in Israel" , 2008.

[11] Daniel Milo: "Member of Public Administration, the ethics and the practice" [Hebrew] , The Jerusalem Ethics Center, 2015.

[12] Ministry of Justice: "Proper management of non-profit organizations" [Hebrew] , Third Edition 2013.

[13] Hillel Schmid: "Characteristics of the Israeli Philanthropy in the 21st Century" , June 2011.

[14] Giving USA: "The Annual Report on Philanthropy for the Year 2015" , Chicago: Giving USA Foundation™, 2016.

[15] Central Bureau of Statistics: "Expenditures and Income of Non-Profit Institutions 2012-2014" [Hebrew] , 2015.

[16] 见注释5。

[17] Central Bureau of Statistics: "Israeli Philanthropy Survey 2009-2011" [Hebrew] , March 2014.

[18] Ministry of Justice website: "Summary of data from the GuideStar Conference" [Hebrew] , Registrar of Nonprofit Organizations, June 26, 2012.

[19] Knesset Information and Research Center: "Government support in public institutions" , 2010.

[20] Attorney General's guidelines for the government, guideline

no. 1.2005："State support for public institutions under Section 3A of the Israeli Foundations of the Budget Law" [Hebrew] ，2005.

[21] 见注释17。

[22] 见注释6。

[23] The Institute for Law and Philanthropy， The Buchmann Faculty of Law，Tel Aviv University："Household Giving Patterns in Israel， 2016"， March 2017.

[24] 见注释6。

[25] Credit Suisse："The Credit Suisse Research Institute's Global Wealth Report" [Hebrew] ， 2015. http://www.themarker.com/wallstreet/1.2750668.

[26] 见注释23。

[27] 见注释14。

[28] 见注释14。

[29] AFP – Association for Fundraising Professionals："2016 Fundraising Effectiveness Survey Report"， 2016.

[30] Bloomberg："A Guide to Donor Retention"， https://bloomerang.co/retention8， 2016.

第六章

[1] Friedman Milton："The social responsibility of business is to increase its profits"， New York Times， September 1970.

[2] Liad Arthur："Requiring companies to report on social and environmental issues" [Hebrew] ， The Marker， June 18， 2013.

[3] Moran Harari et al.："The Missing Billions：Aggressive Tax Planning and Corporate Social Responsibility in Israel"， The College of Law and Business — The Corporate Social Responsibility Clinic， 2011.

[4] Inbal Abu："Social Responsibility of Social Organizations" [Hebrew] ， Ben Gurion University， April 2013.

[5] 见注释3。

[6] 见注释4。

[7] Infospot website: "New legislation requires publication of a corporate responsibility report in Europe. What's in Israel? " [Hebrew] , March 13, 2016.

[8] Infospot website: "2015 Annual summary of corporate responsibility reports" [Hebrew] , February 25, 2016.

[9] 见注释4。

[10] Maala website: http://www.maala.org.il, September 2016.

[11] Committed to Give and Central Bureau of Statistics survey: "Israeli Philanthropy Survey 2009–2011" , March 2014.

[12] William Foster et al.: "Making Big Bets for Social Change" , Stanford Social Innovation Review, Winter 2016.

[13] Silberberg Paul: "The Ethical Entrepreneur: Succeeding in business without Selling your Soul" , 2017.

[14] Hillel Schmid: "Characteristics of the Israeli Philanthropy in the 21st Century" , June 2011.

[15] N. Brennar et al.: "Survey of Philanthropic Foundations and Funding Institutions in Israel" [Hebrew] , The Center for the Study of Philanthropy in Israel—The Hebrew University in Jerusalem, 2010.

[16] 见注释11。

[17] 见注释14。

[18] Hillel Schmid et al.: "The Globalization of Philanthropy: Means, Channels and Giving of the Diaspora" , The Center for the Study of Philanthropy in Israel — The Hebrew University in Jerusalem, 2013.

[19] A Non-profit Organization Registrar booklet on the matter: "Proper Management of Non-profit Organizations" [Hebrew] , December 2015.

[20] 见注释19。

[21] Ministry of Justice: "The third addition to the Companies Law – Ways of Investing a Public Benefit Fund" [Hebrew] , 2014.

第七章

[1] Anita M. Baker:“Participatory Evaluation Essentials An Updated Guide for Nonprofit Organizations and Their Evaluation Partners”，The Bruner Foundation，2010.

[2] 见注释1。

[3] Fay Twersky et al.:“Measurement and Evaluation in the Israeli Non-Profit Sector”，International Advisory Committee，Yad Hanadiv，October 2010.

[4] Midot website：www.midot.org.il，2016.

[5] 见注释3。

[6] 见注释1。

[7] 见注释3。

[8] 见注释1。

[9] Janice M. Morse et al.：“Criteria for Concept Evaluation”，Journal of Advance Nursing，1996.

[10] Stefano Campostrini：“Measurement and Effectiveness: Methodologies Considerations，Issues and Possible Solutions”，Chapter 18，2005.

尾　声

[1] Albert Einstein：“The World As I See It”［Hebrew］，A. Y. Stybel Publishing，5695.

[2] Rabbi Yosef Dov HaLevi Soloveitchik：“The Community”，from Devrei Hagut v'Haracha，Jerusalem，1982.

[3] Emmanuel Levinas，“Difficult Freedom”，1967.

致　谢

在以色列伟大的社会行动中，这本书只是小小一环。它记录了那些了不起的人和向善的组织，他们夜以继日地为以色列的社会进步而努力。在写作本书的过程中，我得到了许多优秀的人的帮助，对于他们来说，社会参与和社会行动就是一种生活方式。这些很棒的人令我深受鼓舞，正是他们树立了履行社会承诺、为他人福祉而行动的榜样。

首先，我要衷心感谢与我同行在社会征途和“纯粹空间”中的我的伙伴们——奥法姆过去的和现在的理事会成员们：尤尼·阿巴迪（Adv. Yoni Abadi）、罗恩·巴雷尔（Ronen Barel）、伊格尔·本·沙洛姆博士（Dr. Yigal Ben Shalom）、雷蒙·本·沙乌尔（Rimon Ben Shaul）、约埃尔·卡拉索（Yoel Caraso）、加迪·科温格尔博士（Dr. Gadi Cwengel）、罗尼·弗里德曼（Roni Freidman）、雅科夫·戈德曼（Yaacov Goldman）、奥德·哈多米、阿维·哈拉里（Avi Harrari）、吉迪·霍兰德（Giddy Hollander）、马里奥·梅斯查尼（Mario Meschiany）、波利·梅斯查尼、阿维娅·欧雷斯基（Aviya Oleiski）、阿龙·皮尔茨（Alon Piltz）、吉米·平托（Jimmy Pinto）、迈克·赖纳博士（Dr. Michael Reiner）、亚当·罗伊特博士（Dr. Adam Reuter）、塔玛·希夫特博士（Dr. Tamar Shifter）、施朗·斯瓦内博士（Dr. Shiran Sivanei）、加迪·亚尔教授、约拉姆·亚尔（预备）少将（Yoram Yair，Ya Ya）、拉菲·扎尔法蒂（Rafi Zarfati）；我要感谢我的朋友同时也是我的合作伙伴，约拉姆·高恩（Yoram Gonen），感谢他在创建奥法姆的道路上给予的坚持、支持、忠诚和深厚的友谊；我要感谢我亲爱的朋友雅科夫·伊鲁兹（Yaakov Iluz），感谢他给我提出的睿智的建议，也感谢他对本书精确而专业的审阅，并做出关键注释及标记。这本书包含了关于奉献的深刻见解，以及对他人的郑重承诺和无私奉献，这些是我从你们每一个人身上学到的。

特别感谢真正的奥法姆人（天使们），每一位在美国的奥法姆的朋友、理事会成员：爱德·鲍姆斯坦（Ed Baumstein）、安吉莉卡·贝里、阿里·科恩（Arie Cohen）、雅各布·恩格尔（Jacob Engel）、马克·菲什曼（Mark Fishman）、肯·戈德布拉特（Ken Goldblatt）、查尔斯·格雷夫斯曼（Charles Gwirtsman）、法耶·基默林（Faye Kimerling）、本·基施纳（Ben Kirschner）、阿里·库什纳（Ari Kushner）、多伦·库特尼克（Toren Kutnick）、亨利·李维、艾米·立顿、露丝·纽曼（Ruth Newman）、塔玛·奥德（Tamar Oded）、大卫·里奇（David Rich）、约阿夫·希夫曼（Yoav Shiffman）、保罗·西尔伯格、鲍勃·威纳（Bob Wiener）、彼得·赖特（Peter Wright），以及所有慷慨到令人惊叹的奥法姆支持者们。你们的慷慨解囊和为以色列儿童付出的巨大努力，象征着我们“以色列之歌”传统中的共同责任本质。

致过去和现在奥法姆家族中的教练、司机、经理和专业人员伊莱·德罗（Eli Dror）、亚斯敏·扎尔金–埃拉德（Yasmin Zarchin–Elad）、阿迪尔·汗（Adir Khan）、莫尔·利蒙纳德（Mor Limonad）：你们对以色列儿童真切、热忱的关心，是犹太复国主义最好的体现。正如我们常说的，“这个民族的众子是有福的”。

致雪莉（Shirley），我深爱的妻子、伴侣、最好的朋友：你以极大的耐心，无数次地关注着这本书的每一句、每一段话。你用你的智慧，为我提出建议和评论，在写作过程中不断启发我，直至这本书成功问世。没有你的重大贡献，这本书是无法出版的。

献给我亲爱的孩子们：阿米特（Amit）、沙尼（Shani）、河内（Honoi）、亚尼夫（Yaniv）和以利亚（Elia）。我爱着、珍惜着、欣赏着你们每一个人。这本书真的是为你们准备的，知道这一点很重要。我相信，你们将来会找到属于自己独一无二的通往社会行动、社会参与和奉献的路。

感谢多夫·艾肯沃尔德（Dov Eichenwald）和叶迪奥特书籍出版公司（Yediot Books Publications）；感谢本尼·卡麦（Benny Carmi）和 eBookPro 为本书的出版提供的帮助。还要感谢迪娜·萨顿（Dina Saadon）——我再也找不到比你更专业、更有才华、更有耐心的翻译了，非常感谢。